普惠金融与中小企业成长

胡育蓉　齐结斌　著

中国金融出版社

责任编辑：赵晨子
责任校对：潘　洁
责任印制：丁淮宾

图书在版编目（CIP）数据

普惠金融与中小企业成长／胡育蓉，齐结斌著 .—北京：中国金融出版社，2021.12

ISBN 978-7-5220-1445-6

Ⅰ.①普… Ⅱ.①胡… ②齐… Ⅲ.①中小企业—企业融资—研究—中国 Ⅳ.①F279.243

中国版本图书馆 CIP 数据核字（2021）第 275664 号

普惠金融与中小企业成长

PUHUI JINRONG YU ZHONG-XIAO QIYE CHENGZHANG

出版
发行　**中国金融出版社**

社址　北京市丰台区益泽路 2 号
市场开发部　（010）66024766，63805472，63439533（传真）
网 上 书 店　www.cfph.cn
　　　　　　　（010）66024766，63372837（传真）
读者服务部　（010）66070833，62568380
邮编　100071
经销　新华书店
印刷　北京七彩京通数码快印有限公司
尺寸　169 毫米×239 毫米
印张　11.25
字数　200 千
版次　2021 年 12 月第 1 版
印次　2021 年 12 月第 1 次印刷
定价　56.00 元
ISBN 978-7-5220-1445-6
如出现印装错误本社负责调换　联系电话(010)63263947

宁波市人民政府与中国社会科学院合作共建研究中心宁波大学现代高端服务业发展研究中心立项课题（NZKT201613）研究成果

前言

　　中小企业是经济发展的生力军，是推动高质量发展不可或缺的力量。据世界银行对近 140 个经济体的微观企业调查，融资可得性被认为是影响中小企业健康成长的最重要因素。为有效缓解中小企业融资难融资贵问题，近年来各级政府与广大市场主体结合实际不断探索普惠金融长效机制，在完善政策支持体系、拓宽融资渠道、创新产品和服务以及建立风险分担机制等诸多方面取得明显突破。我国普惠金融工作取得的这些出色成绩，为推进现代普惠金融体系建设打下了扎实基础。但同时我们要看到，中小企业融资难融资贵这个千年难题并未彻底解决，我们离建立高度发达、完善的现代普惠性金融体系还存在较大差距。比如普惠金融虽然展现出强大的能力与作用，极大地推动了金融产品创新、业务流程再造、服务质效提升，但从实际情况看，普惠金融发展还处于探索进阶状态，在助推中小企业成长过程中仍面临实际效果未达预期、普惠性与商业可持续两难选择、数字技术的应用面不够、组织体系与生态体系尚不健全等问题。也就是说，普惠金融在解决中小企业融资难题上还面临一些痛点与难点。因此，需要不断提炼理论与实践前沿，总结可复制、可推广的经验做法，利用实证分析工具明晰实际效果，从而更好地发展普惠金融，助力中小企业成长。

本书基于已有的丰富理论，更加关注支持中小企业成长的普惠金融发展实践与实证，一方面从实践出发，系统梳理我国在解决中小企业融资"最后一公里"方面的探索，并汲取典型国家的相关经验；另一方面从实证出发，运用计量经济学方法分析普惠金融在缓解中小企业融资约束、提升中小企业盈利概率以及促进包容性增长方面的作用。本书主要进行了以下四方面的创新性工作。

一是从全球视角观察中小企业融资可得性问题，通过对比分析、实证分析形成对中小企业融资可得性的理性认识，并总结国内支持中小企业融资的主要模式。中小企业融资可得性需要根据供需变量综合判断，同一变量在不同融资结构类型的国家代表的意义存在差别。营商环境、基础设施以及创新能力是影响中小企业融资可得性的重要指标。首贷助贷、"四台一会"贷款、桥隧模式、路衢模式、金融仓储融资以及知识产权质押融资是普惠金融支持中小企业的主要模式。

二是梳理数字普惠金融发展动态，并实证分析普惠金融在缓解中小企业融资约束以及提升中小企业盈利概率的效果。近十年来，我国数字普惠金融实现了跨越式的发展，也呈现出明显的区域性特征。数字普惠金融主要通过大数据网贷、网络众筹、产业链融资以及金融机构"触网"融资等模式服务中小企业。相较于传统普惠金融，数字普惠金融对中小企业融资影响更大，更能缓解中小企业融资约束及提升中小微企业的盈利（相对持平）概率，而且数字普惠金融的覆盖广度、使用深度以及数字支持服务均能有效缓解中小企业融资约束。同时，数字普惠金融使用深度的改善，相对于覆盖广度与数字支持服务对中小微企业盈利能力的促进作用更大。

三是理论梳理普惠金融对包容性增长的去门槛效应、均衡配置效应以及涓滴效应，并实证研究其效应。从整体上看，普惠金融对包容性增长会产生显著的正向影响，民间投资在其中发挥着重要的"二传手"作用；分区域看，东部、中部、西部地区的普惠金融供给水平逐级下降，而普惠金融的包容性增长效应却呈递增趋势。为提升普惠金融的包容性增长效应，需要疏通金融对民间投资的支撑渠道，并加强推进中西部的普惠金融建设。

四是梳理国内外金融支持中小企业发展的先进经验。同以间接融资为主的德国，在支持中小企业发展的过程中，注重拓展开发性金融的组织功能以及发挥专业化担保银行的作用。同为发展中国家的印度，注重金融基础设施的完善以及微型金融机构的发展。而国内大银行普惠金融事业部、地方小银行特色服务、大数据应用以及保险参与风险分担等实践也极大地促进了中小企业融资与成长。

本书为宁波市人民政府与中国社会科学院合作共建研究中心宁波大学现代高端服务业发展研究中心立项课题（新常态背景下普惠金融支持中小企业持续成长的理论及政策创新研究，课题号NZKT201613）研究成果。

目录

1 普惠金融发展概论 ……………………………………………… 1

  1.1 普惠金融的内涵 …………………………………………… 1

  1.2 普惠金融的发展意义 ……………………………………… 6

  1.3 普惠金融的特点 …………………………………………… 7

  1.4 普惠金融的发展阶段 ……………………………………… 8

  1.5 普惠金融指标 ……………………………………………… 11

2 中小企业融资可得性探析 …………………………………… 15

  2.1 中小企业融资现状 ………………………………………… 15

  2.2 中小企业融资可得性的相关研究 ………………………… 23

  2.3 中小企业融资可得性影响因素的实证分析 ……………… 29

  2.4 本章小结 …………………………………………………… 35

3 普惠金融支持中小企业的融资模式 ………………………… 37

  3.1 首贷助贷模式 ……………………………………………… 37

  3.2 "四台一会" 贷款模式 …………………………………… 38

  3.3 桥隧模式 …………………………………………………… 39

  3.4 路衢模式 …………………………………………………… 40

  3.5 金融仓储融资模式 ………………………………………… 41

  3.6 知识产权质押融资模式 …………………………………… 43

4 普惠金融的数字化发展动态 ………………………………… 45

  4.1 数字普惠金融的发展特征 ………………………………… 45

  4.2 数字普惠金融的融资模式 ………………………………… 49

  4.3 数字普惠金融的支付模式 ………………………………… 54

4.4 数字普惠金融的风控创新 …………………………………… 55

4.5 数字普惠金融的监管 ……………………………………… 56

5 普惠金融与中小企业融资约束 ………………………………… 59

5.1 普惠金融支持中小企业融资的理论基础 ……………… 59

5.2 模型构建与变量说明 …………………………………… 62

5.3 总样本回归结果分析 …………………………………… 73

5.4 考虑企业异质性的分析 ………………………………… 76

5.5 稳健性检验 ……………………………………………… 81

5.6 本章小结与启示 ………………………………………… 86

6 普惠金融与中小企业盈利能力 ……………………………… 88

6.1 引言 ……………………………………………………… 88

6.2 一个银企借贷的理论模型 ……………………………… 89

6.3 研究设计与变量选择 …………………………………… 94

6.4 多值选择模型及结果分析 ……………………………… 97

6.5 本章小结与启示 ………………………………………… 102

7 普惠金融与包容性增长 ……………………………………… 104

7.1 普惠金融的增长效应相关研究 ………………………… 104

7.2 普惠金融影响包容性增长的机制 ……………………… 105

7.3 普惠金融的包容性经济增长模型 ……………………… 108

7.4 普惠金融的包容性经济效应检验 ……………………… 112

7.5 普惠金融经济效应的区域异质性 ……………………… 115

7.6 本章小结与启示 ………………………………………… 117

8 普惠金融支持中小企业的国际经验 ………………………… 118

8.1 德国中小企业的发展动态 ……………………………… 118

8.2 德国支持中小企业发展的融资政策 …………………… 124

8.3 印度中小企业的发展动态 ……………………………… 127

8.4 印度支持中小企业发展的融资政策 …………………… 133

8.5 本章启示 ………………………………………………… 137

9　普惠金融支持中小企业的国内经验 ·············· 140

　9.1　小行数智赋能：特色小微金融经验 ·············· 140

　9.2　大行比较优势：普惠金融事业部经验 ·········· 142

　9.3　大数据应用：江西流水贷经验 ·············· 143

　9.4　保险助力：宁波小额贷款保证保险经验 ·········· 145

10　支持中小企业成长的普惠金融组织体系建设·········· 148

　10.1　我国中小企业融资组织结构 ·············· 148

　10.2　国际上典型国家的中小企业融资组织体系建设 ········ 151

　10.3　国内中小企业融资组织体系建设问题 ·········· 155

　10.4　政策启示：构建"四位一体"的组织体系 ········· 157

参考文献·································· 159

1 普惠金融发展概论

1.1 普惠金融的内涵

金融与普惠的结合，不仅是金融实践的产物，也是对传统金融发展的一种扬弃，是极具想象力的理念认知与社会尝试。从古老的典当业、标会到现代的金融互助合作、商业银行，都有普惠金融的影子，但随着商业化与市场化的纵深发展，金融与普惠之间的距离似乎越来越远。进入 21 世纪，人们开始深度反思金融的效率与公平问题，思考"纯逐利性"金融模式的弊端。2005 年国际小额信贷年会上，联合国正式提出普惠金融体系概念，认为其是能有效、全方位地为社会所有阶层和群体提供服务的金融体系。

2006 年，诺贝尔和平奖颁给了格莱珉银行（Grameen Bank）创始人穆罕默德·尤努斯（Muhammad Yunus）教授，以表彰其从社会底层推动经济和社会发展的努力。尤努斯被誉为"小额信贷之父"，他主张每个人都应该有获得金融服务机会的权利，践行普惠金融理念，让小微贷款服务惠及孟加拉国约 900 万名贫困农民。他开创的无抵押小微贷款模式被 40 多个国家复制，其中包括美国、英国、日本这样的发达国家。他曾提出普惠金融体系建立的目标就是为传统金融机构服务不到的低收入阶层和中小微企业等群体提供金融服务。

不同的组织与学者对普惠金融基本内涵的认识尚未形成完全统一的意见。世界银行扶贫协商小组（CGAP，2006）对普惠金融概念的定义与联合国在 2005 年小额信贷年会中的表述基本一致，也认为普惠金融是让社会各阶层有金融需求的人都能以平等的权利获得金融服务，并提出普惠金融体系的四大特征，包括适当的金融服务价格、完善的金融机构与金融监管、持续的金融机构服务、高效且多样化的金融服务。首位建立普惠金融指数的学者 Sarma（2008）认为，普惠金融发展是确保经济体所有成员都能轻松获得和使用正式金融体系的过程，包括金融系统的可得性、可用性和使用程度三个方面。中国人民银行原行长周小川（2016）从金融市场角度出发，认为普惠金融是为每一个人在有需求时都能以合适的价格享受到及时、有尊严、方便、高质量的各类型金融服务。星焱（2016）提出"5+1"界定法，通过金融服务可得性、安全性、便利性、价格合理性、全面性5个普惠金融核心要素以及1个特定服务客体来归纳一个行为是否属于普惠金融行为。在国务院发布的《推进普惠金融发展规划（2016—2020年）》中，普惠金融被定义为立足机会平等要求和商业可持续原则，以可负担的成本为有金融服务需求的社会各阶层和群体提供适当、有效的金融服务。

不同于从基本原则、实施内容、主要特征等方面对普惠金融进行阐释的思路，有的学者从普惠金融（Inclusive Finance）相对的概念金融排斥（Financial Exclusion）确定普惠金融的边界。Leyshon 和 Thrift（1995）提出，金融排斥是某些特定人群无法获得正规渠道金融服务的行为和过程。2008年成立的普惠金融联盟（AFI，2009）认为，普惠金融是能覆盖并惠及被排斥人群的金融服务体系。Sarma（2012）将金融排斥分为机会排斥、条件排斥、价格排斥、市场排斥和自我排斥5类①，并认为在普惠金融中被正规金融系统排斥的社会群体可以重新参与到金融体系中，公平地获得储蓄、支付、信贷和保险等多方面金融服务的机会。Hannig 和 Jansen（2010），Menon（2019）等学者也表明了类似的观点，认为普惠金融的目的就是将非银行用户纳入正规渠道的金融体系。何德旭和苗文龙（2015）认为，有效的普惠金融制度需要解决金融排斥问题，在中国存在因经济发展战略、金融制度安排、金融市场结构、社交关系支配、风险评估约束等因素带来的金融排斥类型，需要从金融制度、风险管理、市场分层和市场竞争等多维度推进金融的包容性。

综上分析，可以将普惠金融理解为一种旨在拓展传统金融服务门槛与服务边界，创新运用金融产品与服务，力争实现优质金融服务覆盖全社会各阶层多领域目标的现代金融服务模式。在分析普惠金融概念时，需要注

---

① 5类金融排斥具体指：一是机会排斥（Access Exclusion），即由于位置偏远或金融体系自身风险控制，部分群体被排斥在外；二是条件排斥（Condition Exclusion），即由于一些特定的金融限制条件将部分群体排斥在外；三是价格排斥（Price Exclusion），即需求者难以负担的价格将部分群体排斥在外；四是市场排斥（Marketing Exclusion），即由于金融产品的销售和市场定位将部分群体排斥在外；五是自我排斥（Self-Exclusion），即由于害怕被拒绝或心理障碍而导致部分群体将自己排斥在外。

意以下三个要点。

第一，普惠金融具有双重属性，既具有金融特性，也具有准公共品属性，但本质上是金融服务过程，与"救济金融""慈善金融"有着本质区别。这意味着开发出来的金融产品依然是对不同金融风险的定价，依然在货币市场与资本市场运行的框架下发挥作用。普惠金融既要贯彻市场化运行逻辑，遵循金融契约原则，又要以尽可能广的范围、尽可能低的成本扩大金融覆盖面，通过金融激励机制，增加对中小微企业和弱势群体的金融供给。这要求金融机构从培育客户、提升专业化、扩大品牌效应等方面来参与市场竞争，不断提高效率、降低成本，以实现普惠金融的商业可持续。

第二，普惠金融已成为促进包容性经济增长的新途径。早期的大量研究（King 和 Levine，1993；Levine，2005）表明，金融发展可以通过促进资源的优化配置，宏观上促进经济的增长，削减贫困；微观上对企业创新与企业活力大有裨益。但后续的一些学者（Law 和 Singh，2014）提出，金融发展对经济增长的作用存在门槛特征，甚至认为在金融发展到一定程度后会恶化贫富差距，不利于经济的可持续发展。而普惠金融可以让社会底层群体获取金融要素，通过金融赋能，促进包容性经济增长，对于塑造一个更加公平、公正、高效的世界具有重要意义。无论发达国家还是发展中国家，对普惠金融的发展模式和方向都给予高度的重视。党的十九届四中全会提出，要"健全具有高度适应性、竞争力、普惠性的现代金融体系"，意味着普惠金融已成为中国特色现代金融体系的重要支柱，中国需要在普惠金融领域作出成绩、产生示范效应。

第三，科技赋能是推动普惠金融的新引擎，但它是把"双刃剑"，可能引起"数字鸿沟"问题。随着计算机、互联网的发展，特别是云计算、大数据以及区块链的出现，科技金融发展迅猛，不仅加深了多维度数据的分析，为破解"信息不对称"难题提供了一种解决方案，而且创新了金融服务模式，提升了风险控制能力。综观全球，金融科技的成功案例大多发生在传统金融行业不发达的地区或领域[①]。但受限于教育程度、年龄结构与地区发展差异，不同群体从金融服务中获益能力存在较大差别，造成新的金融服务排斥，违背了普惠金融发展初衷。由此，依赖科技赋能发展普惠金

---

① 这是 CFA 协会亚太区研究总监曹石在 2019 年"沪上金融家公开课"暨"数字普惠金融·金融科技"学科建设研讨讲坛提出的。

融发展时，不容忽视其中可能产生的"数字鸿沟"问题。

对中小企业而言，普惠金融的发展极具意义。中小企业是经济发展、创新和就业的最强大驱动力之一。根据世界银行下属的中小企业融资论坛（SME Finance Forum）2017年的研究报告，全球近1.31亿家或41%的正规中小企业无法获得足够的金融服务，融资缺口估计高达4.8万亿美元，是当前贷款水平的1.3倍，占到了全球GDP的29%。同时，报告显示，中小企业普遍认为无法满足融资需求是企业成长最大的障碍。以信贷服务为例，从表1-1中可以发现，主流传统金融机构并不是满足中小企业融资的主要方式。普惠金融对于中小企业成长有着以下三个方面的积极意义。

表1-1 普惠金融中信贷服务满足中小企业融资的方式

中小企业主要类型	主要信贷需求	满足信贷需求的主要方式
中型企业	面向市场的资源利用型生产贷款需求	自有资金、商业信贷、政策金融、小额信贷
小微企业	启动市场、扩大经营规模	自有资金、民间金融、风险投资、商业信贷、政策金融、小额信贷
个体工商户	资金周转、扩大经营规模	自有资金、民间金融、商业信贷、政策金融、小额信贷

资料来源：本表整理自贝多广的《中国普惠金融发展报告2015》。

在服务覆盖面方面，普惠金融改变了传统金融服务模式，开始重视被忽略的中小企业"长尾市场"需求。安德森（Anderson）在2004年首先提出长尾理论，认为随着关注成本与流通成本的降低，"尾部"市场（见图1-1）产生的效益会增加，总体效益甚至会高于"头部"市场（Benghozi和Benhamou，2010）。数量众多且创新活跃的中小企业属于重要的"尾部"客户群体，在传统金融服务网络中，由于资产规模较小、担保资质较差、信用记录不完善、信息不对称等问题，无法顺利契合现行的信贷体系要求，造成中小企业金融资源触达不通畅、首次贷款不充足、资金缺口较大等困境。普惠金融通过发展小贷、微贷等低门槛、个性化的金融服务、创新知识产权、动产等抵押品、开拓科技金融新模式，满足尾部客户群体多元化的融资需求，以促进中小企业健康发展。

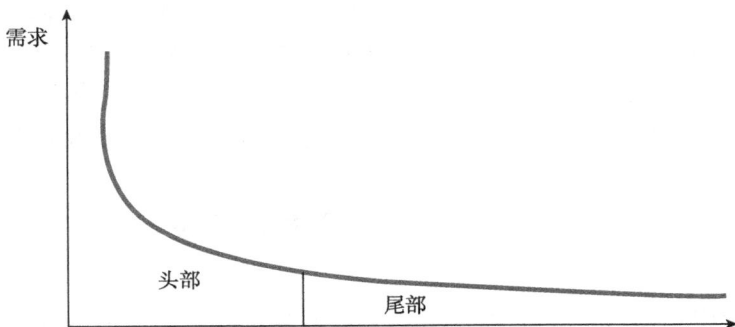

图1-1 安德森长尾理论曲线

在融资成本方面，普惠金融从融资的机会成本和风险溢价两方面改善中小企业融资成本。一方面，商业银行积极响应国家政策，给中小企业提供较好的融资环境与较低利率的贷款资金。以2021年初国有商业银行的普惠型贷款为例，中小民营企业的贷款率处于4.0%~5.0%，低于地方小贷公司、投资公司以及财务顾问机构的同类型贷款利率10~15个百分点（顾雷，2020）。另一方面，普惠金融充分运用金融科技手段，大大降低银行与中小企业之间的信息不对称，促使支付的风险溢价水平下降。例如，在各地的普惠金融实践中，信用信息平台是一项重要工程，通过归集政府部门、公共事业单位、金融机构与移动运营商等众多信息，充分发挥"替代数据"的作用，增强数据的验真、加工与分析，提升"线上+线下"信息整合能力，有效降低金融机构获客成本与贷款风险。

在融资效率方面，普惠金融通过改造传统流程，提高金融体系服务中小企业的效率。中小企业通过传统渠道从银行等金融机构获得信贷资金，一般需要十天到一个月，且需要提供抵押或者担保。但是普惠金融的发展则有效突破传统贷款规制，利用互联网、大数据和生物识别等技术，打破时间和空间的限制，创新新型支付方式，简化贷款程序，提高了中小企业的融资效率。例如，许多商业银行（如建设银行、中国银行等）推出"互联网获客+全线上信贷业务流程"新模式，通过特定银行手机App可随时查看该行小微企业信贷产品信息。企业填写企业名称、行业、纳税等信息，就可试算该银行的可贷额度，如果符合条件，则立即办理贷款，全流程一站式在线完成贷款的办理，大大提高了信贷资金的配置效率。

可见，普惠金融发展与中小企业的成长共生共荣、相辅相成。普惠金融拉长了金融的服务链条，将更多的金融资源运输到实体经济"神经末梢"，让中小微企业享受到更为全面的金融服务。反过来，中小企业的发展又能促进普惠金融的商业可持续。量大面广的中小企业是普惠金融不可或缺的服务对象，其发展不但能保障普惠金融产品的收益与金融资产的安全，而且能加速普惠金融资金的回流，加快发挥新一轮普惠金融的作用。

1.2 普惠金融的发展意义

相比传统金融，普惠金融是一种全新的金融理念，普惠金融不仅需要支持经济发展，还承担着追求公平的义务。普惠金融不仅是展示中国特色社会主义制度优越性的重要途径，也是全球现代金融体系建设的重要方向。

第一，体现坚持"以人民为中心"的发展思想。发展普惠金融，提升金融服务的覆盖率、可得性与满意度，目的是满足人民群众日益增长的金融需求，特别是要让小微企业、"三农"群体、低收入群体等及时获得价格合理、便捷安全的金融服务。诺贝尔奖获得者尤努斯提出"信贷权是人权——每个人都应该有获得金融服务机会的权利"。不仅是信贷权，而且包括各类证券融资权利以及公平参与各种金融市场交易的各项权利，都是人权范畴。这就对现有金融发展及市场体系提出转型要求。金融不能只为少数精英阶层服务，而应更加关注民生、关心弱势群体的金融服务需求。金融业的经营理念需要从"为富人精英服务"向"为人民服务"转变，从"锦上添花"到重视"雪中送炭"转变。由于市场机制的不完善，有限的金融资源往往优先配置到"市场优质"的大型企业和个人，同时形成对尾部群体包括中小微企业和低收入人群的"挤出效应"。与此不同，普惠金融的着力点在于推动金融服务覆盖所有企业及人群，消除金融市场中机会排斥、条件排斥、价格排斥、市场排斥和自我排斥，这与我国所提倡的"以民为本""包容性发展"等发展理念相统一。建设普惠性现代金融体系体现"发展为了人民、发展依靠人民、发展成果由人民共享"的思想，彰显中国特色社会主义制度优势。

第二，为金融治理现代化指明了努力方向。从适应经济高质量发展的要求看，我国金融业的市场结构、经营理念、创新能力、服务水平尚存在诸多矛盾和问题。建设普惠性现代金融体系，就是不断完善优化服务的机构体系、市场体系、产品体系、政策保障体系，从而为社会各阶层和群体提供更高质量、更有效率的金融服务，这与金融供给侧结构性改革的目标保持高度协同，也是金融治理现代化的努力方向之一。普惠金融体系的构建既表现为主流金融治理革新下金融公平与包容性的提升，也表现为稀缺金融资源或服务的扩展与流动，将单一追求市场效率的经济力量融入社会性目标，以优化"技术经济"与"规模经济"产生的增长效应与分配效应，从而构建一个更为公平、自由、开放、法治与高效的金融体系。普惠金融从功能、机构、市场多维建设推进金融的机会公平、风险承担与市场开放，优化金融资源的配置，助力破解中国经济金融发展难题，从而不断满足新时代人民群众日益增长的金融需求，是现代金融治理现代化的重要目标。

第三，为"双循环"新发展格局保驾护航。2008 年国际金融危机爆发后，传统金融"嫌贫爱富"并加剧财富两极分化引起社会广泛反思。当时人民银行就提出普惠金融要上升为全球金融体系建设的第三大支柱，即除金融效率、金融稳定之外的第三大支柱。早在 2006 年，杜晓山在《小额信贷的发展与普惠性金融体系框架》一文中指出，普惠金融应该是国家主流金融体系的有机组成，通过提供广覆盖、高质量的金融服务，以满足大规模群体的金融需求。"双循环"发展道路是阶段性经济发展的理性选择。最近两年新冠肺炎疫情对全球经济造成冲击并引发衰退，中国正是找准了普惠金融这个方向，对最广大的小微、民营企业推出了一系列金融支持疫情防控和复产复工的政策措施，才促使大量中小微企业较为平稳地应对疫情的不利冲击。保企业、稳就业，其实是保住了"双循环"的根基、稳住了内需。"留得青山在，不怕没柴烧"，建设普惠性现代金融体系，就是要通过全方位、全链条的金融支持，保护好最广大的市场主体（如中小微企业和"三农"），为"双循环"新发展格局积蓄力量。

1.3　普惠金融的特点

一是广泛的包容性。广泛的包容性是普惠金融的基本要求，也是国际组织所界定的普惠金融的主要组成部分。普惠金融要求破除机会排斥、条件排斥、价格排斥、市场排斥以及自我排斥，实现金融服务对所有市场主体的全覆盖。从参与主体看，普惠金融要求商业银行、政策性金融、非银行金融以及金融科技企业参与其中，形成多元化、广覆盖的现代普惠金融机构体系。从服务对象看，普惠金融要主动满足长期被传统金融忽视的中小企业、农户以及边远地区群体的金融需求。从产品类型看，普惠金融要求做到基础金融服务对普通群众的全覆盖，并提升诸如个性化保险、小微信贷、抵押担保等全功能、多层次的金融服务覆盖比例，使市场主体在接受金融机构的金融服务时有更多的选择。从服务手段看，普惠金融要求金融服务不断下沉重心，延伸服务触角，努力提升金融服务覆盖面；创新首贷、续贷、信用贷等服务方式，提升小微企业融资可得性，减环节、压流程，提升服务效率，不断减少金融服务存在的"痛点""弱点""盲点"。

二是服务的低成本。普惠金融，顾名思义既要做到"普"，又要做到"惠"，即把金融服务的成本控制在可负担范围内。传统金融以追求利润最大化为目标，在这一决策模式下，小微企业容易遭遇"融资难、融资贵"问题，普惠金融则致力于降低金融服务的综合成本，缓解"融资难、融资贵"难题。在普惠金融业务发展要求下，金融科技被广泛应用，金融机构不断降费让利，金融服务的低成本化逐渐成为现实，如普惠金融通过数字技术能够提升金融服务效率，大幅降低人力、网点建设等运营成本。数字信贷技术的广泛普及也使客户获取渠道、管理成本不断下降，"数据多跑路、企业少跑腿"现象随处可见。随着成本的下降，金融服务的性价比相应提升，市场主体在享受普惠金融服务过程中产生的获得感不断增强。

三是商业可持续。发展普惠金融不是为了完成应景任务，而是要真正构建一套循环畅通、增进民生福祉的金融体系。普惠金融不是慈善金融、救济金融，也异于政策性金融，不能过度依赖财政补贴和行政命令，只有探索出商业可持续的发展模式，才能调动广大市场主体的活力，助推包容性增长。普惠金融要求金融机构在财务绩效和社会绩效之间找到平衡，通过发挥科技、征信、担保等多方资源，整合银政企等多方合力，在获客、数据、风控、增信、资金等业务节点中将各种资源连接起来，充分发挥诸多业务参与方各自的专业化优势，以规模经济效应为普惠金融群体提供多元化、价格可承担、体验便捷的金融服务方案。

1.4　普惠金融的发展阶段

普惠金融概念自正式提出至今虽时间不长，但是它的产生可追溯到早期的农村金融实践，其为解决金融排斥、增强金融服务尾部客群的能力而出现。综观我国普惠金融实践，大致经历了多元化探索、战略化推进、数字化融合和特色化发展四个阶段。这个划分不同于已有的大多数研究，是从小额信贷与微型金融的拓展延伸来划分，而是基于发展特色进行区分。

第一阶段：多元化探索阶段。新中国成立后的 20 世纪 50 年代，全国广大农村的金融实践意味着我国普惠金融已经开始萌发。1951 年 5 月，中国人民银行召开了第一次全国农村金融工作会议，决定全面开展农村金融工作，重点试办农村信用合作组织，以调剂资金余缺，促进农村生产生活的进步。20 世纪 80 年代至 2012 年，我国普惠金融开展了更为多元化的探索。1989 年，陕西出现了为提高妇女经济权利的信贷项目。1994 年，中国社会科学院农村发展研究所借鉴格莱珉银行经验，开展了中国第一个独立的小额信贷项目。1998 年，中国政府尤其是其各地的扶贫办采用小额信贷机制开展扶贫工作。2006 年末，中国银监会出台《关于调整放宽农村地区银行业金融机构准入政策，更好支持社会主义新农村建设的若干意见》，提出在湖北、青海、内蒙古等 6 个省（区）的农村地区设立村镇银行试点，全国的村镇银行试点工作从此启动。2007 年初，我国第一家农村资金互助社成立，同年，中国银监会制定《农村资金互助社管理暂行规定》，推动农村资金互助社进入规范化发展轨道。2012 年 3 月，国务院常务会议批准了《浙江省温州市金融综合改革试验区总体方案》，鼓励和支持民间资金参与温州金融综合改革，可以依法发起设立或参股村镇银行、贷款公司等新型金融组织，以进一步提升金融的包容性。

第二阶段：战略化推进阶段。普惠金融是在金融体系演化过程中逐渐显现出重要性的金融活动。2013 年，党的十八届三中全会通过《中共中央关于全面深化改革若干重大问题的决定》，明确提出发展普惠金融，这是党中央在正式文件中首次使用"普惠金融"概念。2015 年底，国务院印发了我国第一个发展普惠金融的国家级战略规划《推进普惠金融发展规划（2016—2020 年）》，明确了发展普惠金融的指导思想、基本原则和总体目标，从机构体系、产品与服务创新、基础设施、法律法规、政策作用、试点示范和专项工程等方面提出了系列措施和保障手段。2019 年，党的十九届四中全会审议通过《中共中央关于坚持和完善中国特色社会主义制度、推进国家治理体系和治理能力现代化若干重大问题的决定》，提出要"健全具有高度适应性、竞争力、普惠性的现代金融体系"，这充分说明国家高度重视金融的"普惠性"，建设普惠性现代金融体系成为治国理政的一项重要工作。

第三阶段：数字化融合阶段。2016 年 G20 杭州峰会期间，中国提出并制定的《G20 数字普惠金融高级原则》得到了国际社会的高度肯定。它在倡导数字技术推动发展、平衡创新与风险、构建恰当的法律监管框架、扩展基础设施等方面提出了数字普惠金融的 8 项原则，推动了普惠金融数字化的纵深发展（孙天琦，2016）。在金融科技革命浪潮的推动下，金融机构、金融市场和金融产品正加速与数字技术的深度融合。云计算、大数据、人工智能和区块链，构成了当今数字普惠金融的核心技术，对于提升普惠金融服务效率至关重要。依托数字技术可拓宽客户数据来源和分析基础，通过深度学习、智能分析可以形成客户完整画像。数字技术的运用有助于减少金融机构物流网点、一线服务人员数量，能够通过提升交易效率降低运营成本，还可降低风险管理成本。不仅如此，移动支付、移动银行、网络信贷等扩大了金融服务的辐射范围，使落后和偏远地区群体能以较低成本、更便捷的形式享受支付、缴费、存贷款等金融服务。数字技术与普惠金融的融合发展为解决传统金融"普""惠""险"的"不可能三角"提供新方案，极大地促进了普惠金融的发展。

第四阶段：特色化发展阶段。近年来，中国普惠金融发展已取得长足进步，包括金融服务网络布局、银行账户和银行卡的普及、现代支付方式的运用等都在持续增强。中国在发展普惠金融的过程中做了多种独特的探索，比如发挥开发性和政策性金融的作用、重视发挥大型商业银行的作用、开展普惠金融试点（刘国强，2017）。2016年底，经国务院同意，中国人民银行等十部委正式批复《河南省兰考县普惠金融改革试验区总体方案》，设立了首个国家级普惠金融改革试验区。近几年来，获国务院批准的普惠金融改革试验区还有浙江省宁波市、福建省宁德市和龙岩市、江西省赣州市和吉安市、山东省临沂市，普惠金融逐步形成了错位发展、各具特色的格局。河南省兰考试验区探索形成了"一平台四体系"兰考模式，积极发挥"数字普惠金融综合服务平台"+"普惠授信体系、信用信息体系、金融服务体系、风险防控体系"的合力效应。福建省宁德市和龙岩市、江西省赣州市和吉安市都属于革命老区和贫困落后地区，在试验区的建设上注重普惠金融的保障体系和长效机制建设，以全力推进革命老区的振兴发展，为金融扶贫促发展惠民生积累经验。浙江省宁波市位于东部沿海地区，中小企业众多、民营经济高度发达，试验区的主要特色在于发展促进中小企业以及民营经济的金融支持体系。我国这些普惠金融改革进行的特色化探索，不仅推动了本国全局性的金融改革，支持了当地实体经济发展，还不断创造丰富了"中国经验"，有望为世界普惠金融发展贡献"中国智慧"。

1.5 普惠金融指标

普惠金融指标可以用于反映一国或一地区的普惠金融发展状况，发挥评估诊断功能，对普惠金融发展监测、普惠金融政策制定、普惠金融发展分析等至关重要，是实现普惠金融可持续发展的重要基础支撑。

国际组织和世界各国十分重视普惠金融指标体系建设工作，目前已有多个国际组织研究设计的普惠金融指标体系正式投入应用。如普惠金融全球合作伙伴组织（Global Partnership for Financial Inclusion，GPFI）设立了监管和标准制定小组，负责建立普惠金融评估模型和工具，致力于在全球发展普惠金融。根据 GPFI 的研究成果，2012 年，G20 洛斯卡沃斯峰会通过了《G20 普惠金融指标体系》，从使用情况、可得性和服务质量三个维度建立了普惠金融评估指标体系。2013 年，G20 圣彼得堡峰会在《G20 普惠金融指标体系》中加入了金融素养和消费者教育的相关指标。2016 年，G20 杭州峰会在《G20 普惠金融指标体系》中又增加了数字普惠金融服务指标，升级版《G20 普惠金融指标体系》包含金融服务的可得性、金融服务的使用情况、金融产品与服务质量 3 个维度，以及 19 大类、35 项指标，如账户普及率、储蓄普及率、信贷普及率、数字支付普及率、ATM 和银行网点密度、账户高频使用率、消费者保护水平等。

在 2015 年 12 月，国务院印发《推进普惠金融发展规划（2016—2020年）》，其中明确指出，要建立健全我国普惠金融指标体系。为贯彻落实《推进普惠金融发展规划（2016—2020 年）》和 G20 普惠金融成果文件要求，2016 年末中国人民银行建立了中国普惠金融指标体系及填报制度。2018 年，中国人民银行在总结前期填报成果的基础上，遵循总体稳定的原则，对中国普惠金融指标体系（2016 年版）进行了适当调整，删除了个别数据采集困难的指标，并新增了数字支付等问卷调查，形成了中国普惠金融指标体系（2018 年版）。中国普惠金融指标体系（2018 年版）共有 3 个维度 21 项共 51 个指标。

从地方实践看，中国人民银行西安分行开发设计了"县域金融机构支持县域经济发展的 CSE 三维综合评估体系"，囊括县域信贷投放（Credit）、金融服务（Service）、宏观环境（Environment）三大类指标 45 个细项指标，对所有县域金融机构支持县域经济发展情况进行综合评估。西安分行基于 CSE 三维综合评估体系，指导铜川中支开发设计了包含基础建设、金融服务、金融教育、经济发展 4 个维度 33 项指标的农村普惠金融发展评价体系，并运用层次分析法形成"宜君指数"。

普惠金融的指标随着理论与实践的推进也经历了一个逐步完善的过程：从最初聚焦关注金融机构物理网点和信贷服务的可得性，到覆盖信用服务、存款、贷款、支付、保险和证券等多种金融业务可得性与服务质量。国内学者基于国际组合和部分国家普惠金融指标体系的总结，也提出了一些日益契合我国经济金融发展的指标体系。贝多广（2015）从个人银行结算账户数量、银行开户数量、存贷款余额等指标考察普惠金融的发展情况。北京大学数字普惠金融研究中心郭峰等（2020）利用每万人拥有支付宝账号数量、人均购买余额宝笔数、每万人支付宝用户中参与互联网投资理财人数等 33 个具体指标构建了数字普惠金融指数。李建军和姜世超（2021）在分析金融科技是否促进普惠金融的商业可持续性问题时，就采用了这一数字普惠金融指数。

总结普惠金融落地方案和已有研究使用的指标，按照货币信贷政策专项支持情况、财税政策支持情况、农村基础设施建设情况、信用体系建设情况、基础设施可获得性、支付结算便捷性、信贷与保险可获得性等方面，本文梳理了普惠金融 36 个具体指标（见表 1-2）。接下来，本书将根据实际数据可获得性和适用性，构建普惠金融指标体系。

表 1-2　普惠金融具体指标

维度	指标	计算公式	数据来源
货币信贷政策专项支持情况	支农再贷款余额		中国人民银行
	支小再贷款余额		中国人民银行
	扶贫再贷款余额		中国人民银行
财税政策支持情况	财政对普惠金融		中国人民银行国库部门、财政部门
	奖补金额		
	政府性融资担保		财政部门
	机构资本金规模		
农村基础设施建设情况	农村金融机构数量		中国人民银行
信用体系建设情况	企业信用档案建档率	金融信用信息基础数据库收录的企业法人数/企业法人单位数	中国人民银行、国家统计部门
	个人信用档案建档率	金融信用信息基础数据库收录的自然人数/常住人口数	中国人民银行、国家统计部门

续表

维度	指标	计算公式	数据来源
基础设施可获得性	每万人拥有的银行网点数	银行业存款类金融机构网点数量/常住人口数×10 000	中国人民银行、国家统计部门
	每万人拥有的具有融资功能非银行金融机构数	具有融资功能非银行金融机构数/常住人口数×10 000	金融办
	每万人拥有的ATM数	ATM机具数量/常住人口数×10 000	中国人民银行、国家统计部门
	每万人拥有的POS终端数	POS机具数量/常住人口数×10 000	中国人民银行、国家统计部门
支付结算便捷性	个人银行结算账户人均拥有量	个人银行结算账户数量/常住人口数	中国人民银行、国家统计部门
	企业法人单位银行结算账户平均拥有量	企业法人单位银行结算账户数量/企业法人单位数	中国人民银行、国家统计部门
	银行卡人均持卡量	银行卡在用发卡数量/常住人口数	中国人民银行、国家统计部门
信贷可获得性	存贷款余额占比	存款或贷款余额/GDP（或常住人口数）	中国人民银行、国家统计部门
	涉农贷款占比	金融机构涉农贷款/金融机构人民币各项贷款余额	中国人民银行
	小微企业贷款占比	金融机构小微企业贷款/金融机构人民币各项贷款余额	中国人民银行
	金融精准扶贫贷款占比	金融机构金融精准扶贫贷款/金融机构人民币各项贷款余额	中国人民银行
	产业扶贫贷款占比	金融机构产业扶贫贷款/金融机构人民币各项贷款余额	中国人民银行
	建档立卡贫困人口贷款占比	金融机构建档立卡贫困人口贷款/金融机构人民币各项贷款余额	中国人民银行
	扶贫小额信贷占比	金融机构扶贫小额信贷/金融机构人民币各项贷款余额	中国人民银行

续表

维度	指标	计算公式	数据来源
信贷可获得性	创业担保贷款占比	金融机构创业担保贷款/金融机构人民币各项贷款余额	中国人民银行
	助学贷款占比	金融机构助学贷款/金融机构人民币各项贷款余额	中国人民银行
	普惠小微贷款平均利率		银保监部门
	不良贷款比率	不良贷款/金融机构人民币各项贷款余额	银保监部门、国家统计部门
保险可获得性	保险深度	保险保费收入/GDP	银保监部门、国家统计部门
	保险密度	保险保费收入/常住人口数	银保监部门、国家统计部门
	农业保险保费收入增长率	农业保险保费收入/上一年度农业保险保费收入	银保监部门
数字普惠性	北大数字普惠金融指标	利用蚂蚁金服的数据编制	北京大学数字普惠金融研究中心

2 中小企业融资可得性探析

2.1 中小企业融资现状

2.1.1 国内中小企业融资现状

关于中小企业的划分，国际上没有统一的衡量标准，但在划分标准选取的基准上有相似之处，都强调生产技术特点决定的差异性，选择诸如销售额、员工人数、资本数量、市值等可测可控的指标作为划分标准。截至2021年，我国对中小企业的界定是根据工信部联企业〔2011〕300号通知，按照企业从业人员数量、营收额度、资产总值等指标划型。2021年4月，《中小企业划型标准规定（修订征求意见稿）》将原来16大门类调整简并为9大门类（见表2-1）。值得说明的是，本书探讨的中小企业包含中型、小型与微型企业，有时还会使用中小微企业的表述，并不对中小企业与中小微企业进行严格的区分。

表 2-1 中国中小企业的划分标准

行业分类	中小企业的标准
农、林、牧、渔业	营业收入2亿元以下
工业（采矿业，制造业，电力、热力、燃气及水生产和供应业），交通运输、仓储和邮政业	从业人员1 000人以下且营业收入20亿元以下
建筑业，组织管理服务	营业收入8亿元以下且资产总额10亿元以下
批发业	从业人员200人以下且营业收入20亿元以下
零售业	从业人员300人以下且营业收入5亿元以下
住宿和餐饮业	从业人员300人以下且营业收入4亿元以下
信息传输、软件和信息技术服务业	从业人员500人以下且营业收入10亿元以下
房地产开发经营	营业收入10亿元以下且资产总额50亿元以下

续表

行业分类	中小企业的标准
房地产业（不含房地产开发经营），租赁和商务服务业（不含组织管理服务），科学研究和技术服务业，水利、环境和公共设施管理业，居民服务、修理和其他服务业，教育，卫生和社会工作，文化、体育和娱乐业	从业人员 300 人以下且营业收入 5 亿元以下

注：以上划分标准参照《中小企业划型标准规定（修订征求意见稿）》。

  我国中小企业基本呈现出"五六七八九"的典型特征，即 90% 以上的企业数量，带动了 80% 以上的城镇劳动就业，形成了 70% 以上的技术创新，创造了 60% 以上的 GDP，贡献了 50% 以上的税收[①]。图 2-1 显示了大型、中型和小型企业的景气指数。从历史数据来看，不同规模类型的企业景气指数曲线在 2008 年都出现了显著的"V"形变动。小型企业整体的景气状况不如大型和中型企业。2020 年 12 月，我国中型企业景气指数为 127，小型企业景气指数为 117，低于大型企业。

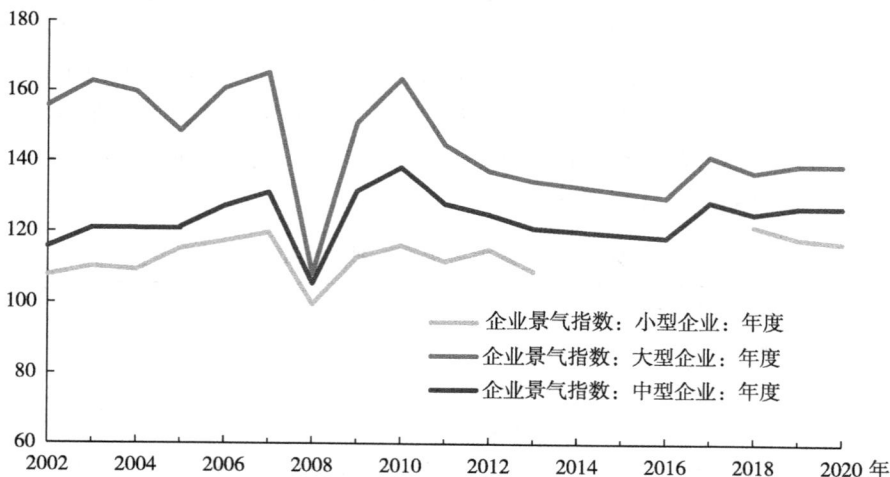

图 2-1　大型、中型和小型企业景气指数

（资料来源：Wind 数据库，2014—2018 年小型企业景气指数缺失）

---

  ① 资料来源于《证券日报》2018 年刊登的《国务院促进中小企业发展工作领导小组第一次会议召开》。

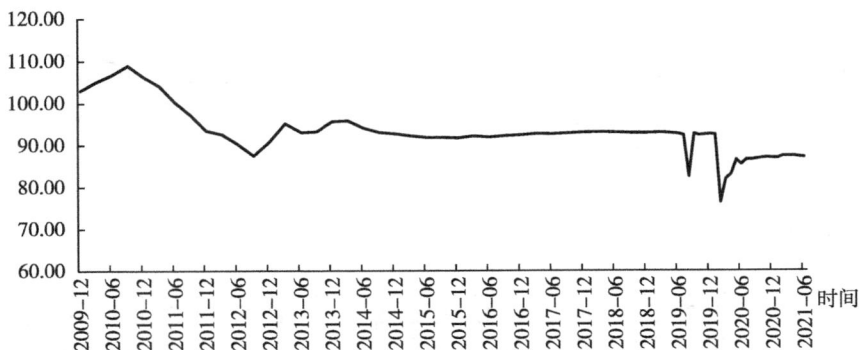

图 2-2　中国中小企业发展指数

（资料来源：Wind 数据库）

图 2-2 显示了由我国中小企业协会组织编制的中小企业发展指数动态。中小企业发展指数总体下滑，从 2009 年 12 月的 103 一直下降至 2021 年 6 月的 87.2，低于景气临界点（100），说明中小企业发展状况并不理想。自 2011 年 9 月以来，指数都维持在 100 以下的非景气区间，表明中小企业经营状况并不乐观。生命周期短、抵御风险能力差、存活率低是中小微企业的生存特征。有调查表明，我国私营企业平均存活期限仅 3.7 年，中小微企业平均存活期限更短，仅有 2.5 年，这意味着如何实现中小企业的持续成长是一个迫切的问题。世界银行中小企业融资论坛基于全球调研数据指出融资性需求无法满足是中小企业成长路上最大的障碍。

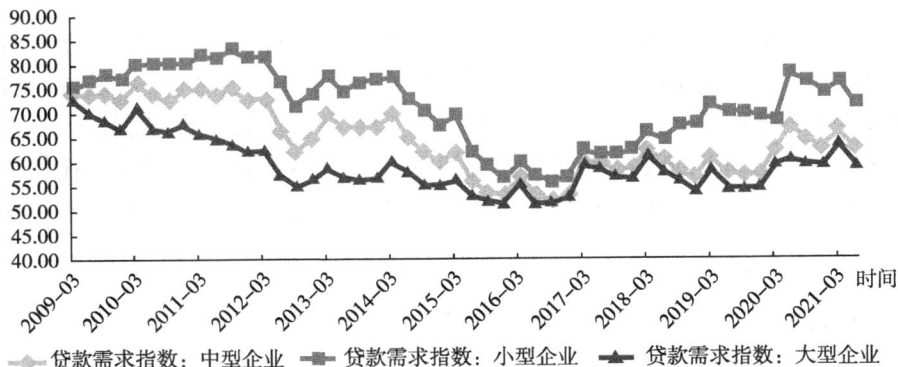

—◇— 贷款需求指数：中型企业　—■— 贷款需求指数：小型企业　—▲— 贷款需求指数：大型企业

图 2-3　2009 年 3 月至 2021 年 6 月中国企业贷款需求指数

（资料来源：中国人民银行官网）

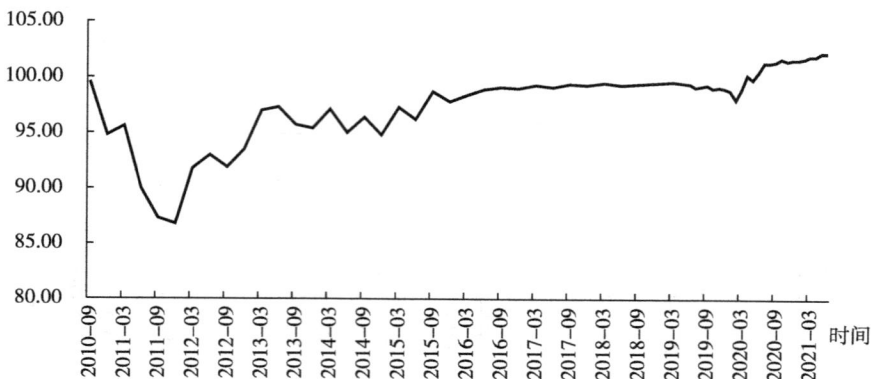

图 2-4 中国中小企业发展资金指数

（资料来源：Wind 数据库）

一直以来，中小微企业融资问题都受到广泛关注。以贷款融资为例，中小企业贷款需求强于大型企业。图 2-3 显示了 2009 年 3 月至 2021 年 6 月中国不同规模企业贷款需求指数的季度动态。动态走势表明，小型企业贷款需求强于中型企业，强于大型企业。2021 年 6 月末大型企业贷款需求指数为 59.1%，中型企业为 62.3%，小型企业为 72.3%。

中小企业发展资金指数反映了企业的资金需求满足程度，图 2-4 给出其在 2010 年 9 月至 2021 年 3 月的走势。2021 年 3 月末，中小企业发展资金指数值为 102.2，但在新冠肺炎疫情暴发前，指数长期处于 100 以下，表明中小企业的融资状况一直并不理想。疫情暴发之前，中小企业面临的银行贷款利率一般会在基准利率的基础上上浮 40%~50%，为 6%~7%；小额贷款公司利率一般在 10%~12%，民间借贷利率则可以高至 30%，"过桥"资金成本年化率也可能达到 30%。金融机构为中小企业提供金融服务，不仅要求较高的利率，而且出于风险控制目的，对中小企业的信贷审批往往更为严格，征信过程产生的额外的信息搜集成本与交易成本，都会在资金融通过程中转嫁给融资企业，形成更高的成本。

2.1.2 国际中小企业融资"难"

全球中小企业由于普遍存在着金融资源短缺，特别是长期融资由于金融资源供给不足形成巨大的资金配置缺口（Frost，1954），被学者们归纳为"麦克米伦"缺口。1931 年，以麦克米伦爵士为首的"金融产业委员会"在提交的《麦克米伦报告》中指出，在英国金融制度中，中小企业在筹措必需的长期资金时，尽管有担保，但仍存在融资困难（Stamp，1931）。"麦克米伦"缺口现象提出后虽然一直不乏关注，但直到2000年后才成为经济学研究的热点。Lean 和 Tucker（2001）认为，"麦克米伦"缺口现象的根本原因是借贷双方之间存在信息不对称，而近年来银行贷款决策的集中化和商业信用评分模型的广泛使用使得这一问题呈加剧趋势。North 等（2010）基于对 1 014 家苏格兰中小企业的调查，以及对 39 家中小企业的后续深入调查，发现难以提供必要的抵押品与难以量化涉及产品和市场多样化的项目相关的风险是中小企业融资存在困难的重要因素，且由于信贷紧缩，中小企业资金缺口在 2007 年以来变得更大。Beck 等（2014）总结认为中小微企业似乎严重缺乏资金，对信贷和现金流特别依赖。一些研究表明，与大公司相比，中小微企业更有可能面临更多的信贷约束。它们也更加依赖贸易信贷和非正规信贷来源。整个发展中国家获得信贷与公司规模成反比，但与该国生产率和金融深化正相关（Kuntchev 等，2014）。

2018 年 1 月 31 日，世界银行、中小企业金融论坛、国际金融公司联合发布了《中小微企业融资缺口：对新兴市场微型、小型和中型企业融资不足与机遇的评估》报告，首次从供给和需求两方面评估了全球 128 个发展中国家的中小微企业融资缺口规模①。分析世界银行各类相关调查数据可以发现，全球不同地区的信贷可得性表现良莠不齐，经济发展水平较低的国家或地区更容易遭受融资难问题。从国际比较看，中国中小微企业的融资可得性水平位于发展中国家的中游。具体地，有以下五个显著的特征。

一是近半数中小企业受到信贷融资约束。世界银行的报告数据显示，全球发展中国家中受信贷约束（包括完全信贷约束和部分信贷约束）的中小企业合计达到 6 520 万户（见图 2-5），占 1.62 亿户中小企业的46%。其中，受完全信贷约束的中小企业合计约为 3 580 万户，占 22%，部分受到信贷约束的中小企业占 24%。

---

① 此前，国际金融公司（IFC）联合麦肯锡公司在 2010 年对全球中小微企业融资缺口的规模首次进行了评估，研究成果发布于国际金融公司企业融资缺口数据库（IFC Enterprise Finance Gap database）。2013 年该项研究实现了对全球 177 个发展中国家的中小微企业融资缺口的评估，结果显示近 60% 的中小微企业处于无融资服务或服务不足的困境。

百万家

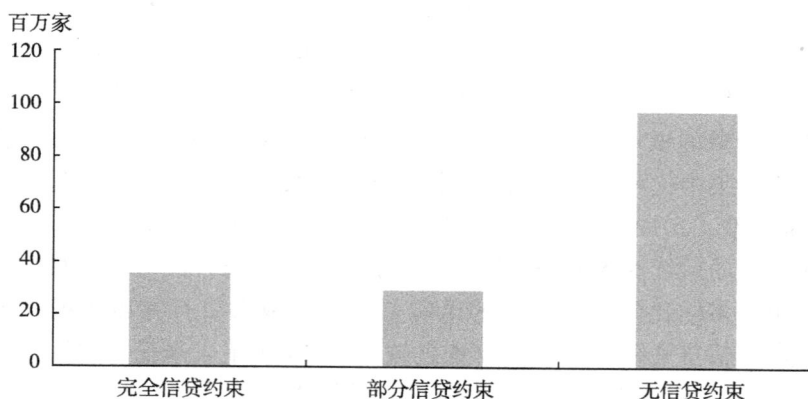

图 2-5 受信贷约束的企业数量情况
（资料来源：世界银行报告《新兴市场国家中小微企业融资缺口》）

在融资缺口方面，全球发展中国家中小企业的潜在融资需求规模达 8.9 万亿美元，而现有融资供给的规模仅 3.7 万亿美元，未被满足的融资缺口有 5.2 万亿美元，相当于全部发展中国家 GDP 总量的 19%。另外，非正规中小企业还有 2.9 万亿美元潜在融资需求。以几个代表性国家为例（见表 2-2），巴西的中小企业信贷缺口约 6 260 亿美元，约占 GDP 的 35%。印度的中小微企业信贷缺口约 3 970 亿美元，约占 GDP 的 14%。孟加拉国中小企业信贷缺口为 389.7 亿美元，约占 GDP 的 20%。

表 2-2 不同发展水平的国家中小企业融资可得性

	发展中国家		
	巴西	印度	孟加拉国
信贷缺口（亿美元）	6 260.2	3 970	389.7
缺口/GDP（%）	35	13.7	20
	发达国家		
	美国		德国
信贷可得性调查	排名全球前三		贷款拒绝率仅为 4%

资料来源：世界银行，《新兴市场国家中小微企业融资缺口》《企业营商环境报告》；德国复兴信贷银行，《KFW SME Panel 2018》。

二是中小企业的信贷缺口结构性问题突出。一方面，南北中小企业信贷缺口问题存在显著的差别。据测算，35 个发达国家信贷缺口约为 5.8 万亿美元，相当于国内生产总值的 12%，而发展中国家的融资缺口约为 5.2 万亿美元，相当于国内生产总值的 19%，高于发达国家 7 个百分点。另据美国全国独立企业联合会 2019 年 4 月的调查（见表 2-2 中信贷可得性调查部分），美国排名全球前三，只有 4% 的业主反映融资需求无法得到满足，同时只有 2% 的业主报告"融资是他们的首要问题"。欧洲中央银行针对 2018 年 4—9 月欧元区企业融资情况开展了调查（SAFE），结果显示融资对于德国中小微企业而言同样并非难题，在中小微企业贷款申请中，获得全额贷款的比例高达 77%，拒绝率仅为 4%。发展中国家融资缺口约为 5.2 万亿美元。Yoshino 和 Wignaraja（2015）发现亚洲借贷双方的信息不对称问题较为严重，900 万家亚洲中小企业受信贷缺口困扰。

另一方面，微型企业的融资缺口占比更大，融资结构性问题也更为明显。虽然发展中国家 1.41 亿家微型企业信贷缺口为 7 144 亿美元，高达潜在需求（8 820 亿美元）的 81%；而中小型企业（不包含微型企业）的信贷缺口为 4.5 万亿美元，占潜在需求（8.1 万亿美元）的 56%（见图 2-6）。显然，在微型企业的融资结构中，正规金融融资渠道更受限。微型企业融资结构里有更多来自朋友和家人、商业伙伴或非正规融资安排的资金。全部融资供给中的 96% 提供给了中小企业（不包含微型企业），而微型企业所得到的供给仅有 4%。

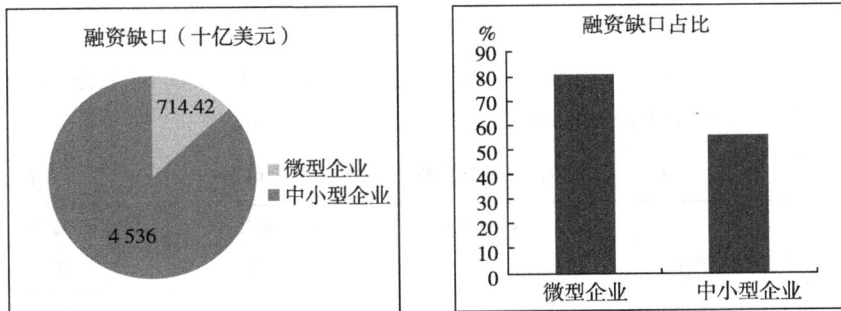

图 2-6　发展中国家中小微企业融资缺口

（资料来源：世界银行发布的《新兴市场国家中小微企业融资缺口报告》）

三是低收入发展中国家的中小企业面临更为严重的融资约束（见表 2-3）。按收入差异，把发展中国家划分为四档：低收入、中低收入、中高收入与高收入。据测算，低收入群体国家完全或部分受融资约束限制的中小企业比例最大，占 67%（300 万家）。中低收入群体国家有 15%（890 万家）完全受限的中小企业，33%（1 950 万家）受部分约束的中小微企业。中高收入国家 26% 的中小企业完全受限（2 470 万家），9%（820 万家）的中小企业部分受限。高收入国家中小企业中无约束的比例最高，占 81%

（420万家），只有19%的融资约束型企业（100万家）。

表2-3 发展中国家不同收入水平下中小企业受融资约束的占比 单位:%

发展中国家类别	完全约束	部分约束	无约束
低收入	42	25	33
中低收入	15	33	52
中高收入	26	9	65
高收入	7	13	80
发展中国家均值	22	18	60

资料来源：世界银行，《新兴市场国家中小微企业融资缺口》《企业营商环境报告》；德国复兴信贷银行，《KFW SME Panel 2018》。这里包括微型企业的信贷约束。

四是低收入国家和地区对非正规金融依赖度高。据测算，低收入国家和地区存在对非正规金融依赖度过高现象，非正规金融是这些国家和地区弥补融资缺口的主要手段（见表2-4）。发展中国家的中小企业对非正规部门融资的潜在需求为2.9万亿美元，占这些国家GDP的11%。中小企业融资的非正式潜在需求与正式潜在需求的比例在不同国家和地区之间差异很大：从整体看，发展中国家平均为33%（110个国家）；低收入国家最高（80%），对非正规金融依赖度很高；高收入国家最低（32%）。分地区看，撒哈拉以南非洲、拉丁美洲和加勒比地区拥有最高的金融非正规性，非正规与正式潜在需求的比例分别为78%和54%。

表2-4 中小企业非正规金融水平的全球分布 单位:%

地区	非正规/正规	国家类别	非正规/正规
东亚和太平洋	19	低收入	80
欧洲和中亚	50	中低收入	51
拉美和加勒比	54	中高收入	29
中东和北非	46	高收入	32
南亚	33	—	—
撒哈拉以南非洲	78	—	—
发展中国家均值	33	—	—

资料来源：世界银行，《新兴市场国家中小微企业融资缺口》《企业营商环境报告》；德国复兴信贷银行，《KFW SME Panel 2018》。

五是中国中小企业融资缺口较大。中国中小企业共5 600万家，占全部发展中国家中小企业总数（1.62亿家）的35%，是印度中小企业总数的35

倍，其中 41% 的企业存在信贷困难。中国中小企业的融资需求规模为 4.4 万亿美元（中小企业的非正规融资需求为 5 900 亿美元），但信贷供给仅 2.5 万亿美元，信贷覆盖率为 57%，有 1.9 万亿美元的融资缺口，占 GDP 的 17%，在 128 个发展中国家样本中排第 66 位。

2.2　中小企业融资可得性的相关研究

2.2.1　融资可得性的内涵

中小企业融资可得性是指利用多种渠道获得外部融资支持的可能性，包括正规金融可得性和非正规金融可得性。在间接融资为主体的中国，正规金融可得性主要是指中小企业通过各类商业银行、政策性银行、信用合作社等正规金融中介机构和金融市场获得融资的可能性；非正规金融可得性则指从临时借贷（商业信用、亲朋好友借贷等）、专职性放贷（高利贷、地下钱庄等）、互联性信贷交易、其他民间借贷组织（金融服务社等）等未取得金融牌照的市场主体融得资金的可能性。

融资可得性可从不同视角来理解，包括金融供给、金融需求、金融服务的可负担性。从金融供给层面看，融资可得性研究主要考察金融系统对金融资源的有效配置是否排斥中小企业、是否惠及中小企业。国内学者张蕴晖等（2016）认为，中小金融机构数目越多，小微企业融资可得性越好。董晓林和高瑾（2014）通过对江苏省的调查数据指出，贷款技术比金融机构规模对中小企业融资可得性的影响更大。林乐芬和李眗（2017）也从贷款技术视角出发，认为银行放贷效率越高，中小企业融资可得性就越好。《中国普惠金融指标分析报告（2018）》主要从金融服务网点、具有融资功能的非金融机构、ATM 和 POS 机等金融机具可得性来衡量融资可得性（中国人民银行金融消费权益保护局，2019）。

从金融需求层面来看，融资可得性关注中小企业的融资需求是否受到约束，是否能够顺利得到满足。Berger 和 Udell（1998）研究指出，由于中小企业通过银行贷款渠道获得债务类资金的占比较高，平均为 37.22%，贷款可得性是理解融资可得性的重要方面。Cole（1998）从企业的贷款需求是否被银行批准理解信贷可得性。张瑞娟和李雅宁（2011）使用"当前正规融资满足企业资金所需要的比例"来衡量企业融资可得性。苟琴和黄益平

（2014）利用企业的银行贷款需求、申请和实际获得情况来分析信贷可得性问题，并在研究中指出中小企业的信贷配给问题更为严重。罗荷花与李明贤（2016）则通过分析企业实际获得融资额度占期望融资额度的比重来分析融资可得性。

从可负担性方面看，融资可得性关注融资成本是否是中小企业可以承受的，是否是愿意接受的。陈胜蓝和马慧（2018）在分析贷款利率上下限放开对公司商业信用的影响问题时，认为放开贷款利率限制直接影响贷款可获得性，实施贷款利率上限管制会导致中小企业无法通过可接受的高利率水平来获得资金支持。Beck 和 De（2007）在研究普惠金融的框架中指出，融资可得性的讨论应包含成本的分析，包括信息成本和交易成本。

2.2.2　中小企业融资可得性的测算

不少国家和主要世界经济组织定期或不定期发布报告，反映中小企业发展、融资结构、政策支持等方面的情况。如世界银行 2017 年发布了《新兴市场国家中小微企业融资缺口》报告，OECD 从 2012 年开始连续披露《中小企业融资和企业家》评分，印度近 10 年来定期公布《中小微企业年度报告》，中国 2019 年发布《小微企业金融服务报告》。官方统计、问卷调查与建模测算是各方评估中小企业融资可得性的三大方法（见表2-5）。

表2-5　中小企业融资可得性指标体系

中小企业融资可得性指标	获得方式	普适性
贷款占 GDP 比重	官方统计	☆
贷款占所有企业贷款比重	官方统计	☆
直接融资占比	官方统计	☆
贷款利率	官方统计	☆ ☆
贷款申请拒绝率	问卷调查	☆ ☆ ☆
认为融资难的调查样本比例	问卷调查	☆ ☆ ☆
非正规金融融资比例	建模测算	☆ ☆ ☆
信贷缺口占 GDP 比重	建模测算	☆ ☆ ☆
信贷缺口占融资需求比重	建模测算	☆ ☆ ☆

资料来源：作者整理。

2.2.2.1　官方统计指标方法

该方法简单易行，但难以用于横向综合比较。反映中小企业融资满足度的单维官方统计指标往往具有片面性，对具有不同融资结构的国家不具普适性，难以用于横向比较。如"中小企业贷款占 GDP 比重"这一指标能较好地反映以间接融资为主的国家的中小企业融资可得性，但无法衡量以直接融资为主的国家的情况。2016 年末，美国这一指标仅为 3.3%，远低于同期中国的 56.8%，但同期世界银行的融资可得性排名美国要远高于中国。

使用多维统计指标可以对上述不足进行一定程度的改进，提高融资可得性评价的可信性。如世界银行利用两大类指标对各国信贷可得性展开衡量，即法定权利保护指数、信用信息深度指数。前者包含两个细分指标：担保法对借方和贷方权利的保护、破产法对债权人（包括有担保保障的）权利的保护；后者可进一步细化为信用信息的覆盖面和可得性、信用局与信用信息登记处的分布。从 2004 年开始世界银行企业营商环境项目组利用多维统计指标法测算各国"信贷可得性评分"，2018 年数据显示，欧洲及中亚地区的平均得分较高，为 68.7 分，东亚和太平洋地区、拉美和加勒比地区、中东和北非地区、南亚地区、撒哈拉以南非洲地区的平均得分分别为56.4 分、51.56 分、36 分、47.5 分、42.1 分。2016 年，经合组织（OECD）开始发布中小企业融资年度打分卡，逐年追踪 37 个成员国家的核心指标情况。

2.2.2.2 问卷调查方法

该方法可以针对不同规模企业设计不同评价维度的问卷调查，从而提升评价中小企业融资问题的广度和深度，同时可开展定性和定量分析，能够克服统计指标方法的片面性，但这种方法也容易发生样本偏差问题。2006—2018 年，世界银行设计了 12 个指标调查 139 个国家共计 13.5 万家企业的融资可得性情况，具体指标如表 2-6 所示。由于世界银行未将这 12 个指标综合成一个指数，不妨考察"将获得融资作为主要制约因素的公司比例"的调查情况，结果显示，东亚和太平洋地区为 13.6%，欧洲及中亚地区为 17.2%，拉美和加勒比地区、中东和北非地区、南亚地区、撒哈拉以南非洲地区分别为 27%、29.2%、26.5%、38.9%。总体而言，这一结果与世界银行企业营商环境项目组得到的结论稍有差异但基本一致。为获得中小企业融资可得性情况，欧洲中央银行和美国全国独立企业联合会（NFIB）也采用了问卷调查法。

但是，为克服样本选择偏误，提高调查结论的可信性，问卷调查法除需要精心设计问卷外，还需要尽量扩大样本范围以逼近总体估计，但这会带来调查成本和评价成本的提升。

表 2-6　世界银行对 139 个国家融资可得性的调查指标

序号	指标（%）
1	拥有银行贷款/信贷额度的公司比例
2	需要担保的贷款比例
3	贷款所需抵押品的价值（贷款额的百分比）
4	不需要贷款的公司比例
5	近期贷款申请被拒绝的公司比例
6	使用银行为投资融资的公司比例
7	内部融资投资比例
8	银行融资的投资比例
9	银行融资的营运资金比例
10	使用供应商/客户信贷为营运资金融资的公司比例
11	银行为营运资金融资的公司比例
12	将获得融资作为主要制约因素的公司比例

资料来源：世界银行，www.enterprisesurveys.org。

2.2.2.3　供需模型测算融资缺口

相较于前两种方法，这一方法更加客观，但需注意模型的预设前提。为更客观地反映和比较各国中小企业融资可得性，世界银行旗下国际金融公司与其研究部合作，开发了衡量供需"融资缺口"（Finance Gap）的模型。模型的原理：首先，确定借贷需求的客观基准，即满意的融资需求。过去这一指标一般通过问卷调查的方式取得，主观性过强。模型将营商环境指数"获得信贷"得分前十的国家的"企业债务销售比"均值理解为"满意的借贷规模/企业销售额"，以此作为基准比例，然后分别乘以各国的中小企业销售总额，得到各国满意的借贷需求。其次，将各国现有融资供给①与各国满意的借贷需求相减，计算融资缺口。如进一步与该国的经济总量相比，就可以得到国际横向可比的相对指标。

考虑了供求因素且参照均衡债务需求的融资缺口测算法适用范围非常广泛，不会因中小企业所在国家的发展水平而改变，且既适用于以间接融资为主的国家，也适用于直接融资型国家。同时需要注意的是，这种模型

---

① 资料来源于 IMF 的金融调查《MSME Finance Gap：Assessment of the Shortfalls and Opportunities in Financing Micro》与 OECD 的中小企业评分板报告。

假设了作为评估对象的发展中国家达到了基准国家相同的制度环境、监管、宏观经济等条件。

除上述直接衡量融资可得性的方法外，还有较为间接的衡量方法。有部分研究文献聚焦于中小企业外部融资约束的缓解程度，使用如下思路开展分析：当企业存在外部融资约束时，企业融资可得性存在问题；当外部融资约束得以缓解时，企业融资可得性得到改善；当企业不存在融资约束时，企业融资可得性良好。在研究外部融资约束问题时，大量研究运用"投资—现金流敏感性模型"或"现金—现金流敏感性模型"这两个主流的实证框架（Almeida 等，2004；姚耀军和董钢锋，2015）。当中小企业投资（现金持有量）与现金波动呈正相关，企业存在外部融资约束问题，即企业融资可得性较弱。

2.2.3　中小微企业融资可得性的影响因素

大量研究表明，不管在发达国家还是发展中国家，企业规模都是影响其融资可得性的重要因素。那么，中小企业融资可得性影响因素有哪些，已有研究集中从企业内部特征、金融结构与环境、融资技术三个方面展开分析。

首先，基于内部特征深层次剖析中小企业在融资市场的要素禀赋特殊性，是相关研究的主脉，已形成广泛的共识。中小企业的融资次序从创立期至成长期再到成熟期会发生周期性变化，内源性融资会逐渐降低，外源性融资会不断增加（Berger 和 Udell，1995；张捷和王霄，2002）。但是，中小企业相对于大企业而言，成立时间较短、雇员人数较少、抵押资产相对有限、财务管理相对不规范和产业资金链比较脆弱等问题，在融资市场中会面临更多的显性或隐性障碍（Galindo 等，2007；Firth 等，2009）。例如，学者 Firth 等（2009）在其研究中指出，小企业获得银行贷款融资的比例相对于大企业而言大概要低 22.82%。目前，包括企业经营期限、抵押品质量、企业财务规范及状况、盈利能力、银企关系、企业主的基本特征、企业融资需求等内部特征要素的相关研究大量涌现（Ezeoha，2008；Herzenstein 等，2011；Tanko 等，2021；罗正英等，2011；彭澎等，2016），进一步细化且丰富了研究结论。

其次，在金融结构与环境方面，国内外学者开展了诸多的讨论。基于金融功能观与金融结构观的相关探讨是其中最为重要的一个方向。金融功能观关注金融体系的整体功能，认为通过金融市场的资金调配功能能够充分满足企业等经济主体的资金需求，促进实体经济的发展。Love（2001）研究表明，金融发展水平的提高可以显著提升中小企业融资的可获得性。Beck 等（2005）利用 1980—1990 年 44 个国家的制造业部门数据，深入分析金融结构如何影响企业融资约束，得出以下结论：由于竞争的存在，金融市场发达程度越高，企业融资方面越少受到约束。不同于金融功能观，金融结构观则强调金融组织和金融工具的合理分工是不容忽视的，在促进中小企业成长上需要相应的金融结构优化。纪琼骁（2003）认为，中小企业的"麦克米伦"缺口实质上是一种市场失灵，不可能在市场内部找到解决药方，通过政府组建支持中小企业发展的政策性金融机构才是理性选择。Cull 等（2006）基于北大西洋国家的样本实证发现，多元化的金融机构可以为中小企业提供更多的外部融资便利，满足企业融资需求。Baum 等（2011）研究认为，金融体系结构及其发展对融资约束会产生影响。姚耀军和董钢锋（2015）基于中小企业板样本数据，发现金融总量简单扩张推动的金融发展对中小企业融资境况的改善作用相对有限，而由中小银行发展推动的金融结构优化的作用却较为显著。王凤荣和慕庆宇（2019）研究发现，在弱政府干预的条件下，中小银行的发展有助于缓释民营中小企业的融资问题。

最后，在融资技术方面，主要分析中小企业融资可得性的提升途径问题，探讨是通过优化交易型融资技术还是发展关系型融资来解决金融市场信息不对称问题。一般而言，按照融资决策依据的不同，企业融资技术可分为四种类型，即财务报表型、抵押担保型、信用评分型以及关系型。其中，前三种类型主要基于可编码、量化的"硬信息"处理，归类为交易型融资技术（Berger 和 Udell，2002；Uchida，2011）。第四种关系型融资主要依据难以量化和难以编码的"软信息"开展融资决策。纪晓君（2011）认为，交易型融资技术并不能很好地解决中小企业融资问题，关系型融资技术适用于各种类型的中小企业，但会面临银行"敲竹杠"问题。随着网络技术和大数据的应用，前期关系型融资更适用于中小企业的观点受到了全新的审视。Yoshino 等（2015）的研究倾向于优化交易型融资技术，认为对金融教育和企业信用风险数据进行分析，可以降低信息不对称性，信贷担保机制和市场友好型政策等的应用可以拓宽中小企业融资渠道。Ahmed 等（2015）基于 PayPal 和 Kiva 两大支付平台数据，研究发现网上商业贷款显著提升中小企业的融资可得性。孟娜娜和蔺鹏（2018）认为对中小企业的金融排斥是"麦克米伦"缺口的本质，科技金融有望成为填补中小企业"麦克米伦"缺口的新途径。周斌（2018）、吴传琦和张志强（2021）等认为金融科技可以通过缓解融资约束促进中小企业的成长。

与上述研究多从市场运行的角度考察不同，接下来一小节将从政府可为性视角出发，实证分析营商环境、非金融型基础设施与金融型基础设施对中小企业融资可得性的影响，并认为相比大企业，降低安全成本、改善营业许可制度可以有效缓解中小企业融资难题；金融基础设施比非金融基础设施更有助于中小企业提升融资可得性。

2.3 中小企业融资可得性影响因素的实证分析

2.3.1 回归模型说明

依据主要国家和世界经济组织发布的定性报告的结论，本小节将利用世界银行企业调查数据库的国际截面数据，着重从营商环境、基础设施建设、企业创新能力三个维度来分析中小企业融资可得性的影响因素。

世界银行企业调查数据库显示，①营商环境维度包含政企关系、社会安全以及监管税制等内容，细分指标有 27 项。其中政企关系包括 13 项细分指标，如"将法院系统作为主要约束的企业比例""将腐败作为企业发展障碍的企业比例"；社会安全包括 6 项细分指标，如"遭受过偷盗和故意破坏损失的企业比例""平均需支付的安全成本（占年销售额比重）"；监管税制包括 9 项细分指标，如"与税务官打交道的频率""认为获取营业执照许可困难的企业比例"等。②基础设施建设维度涵盖非金融基础设施和金融基础设施两方面内容，共有 13 项细分指标。其中，非金融基础设施部分涉及 12 项明细指标，主要反映企业用电、用水、交通运输的便利情况；由于世界银行没有专门对各国金融基础设施情况展开详细调查，但关于"拥有储蓄账户的企业占比"的数据可以用来衡量一国金融基础设施水平。③企业创新能力维度涵盖的指标主要包括 6 项：技术引进、R&D、信息技术使用，新产品、新市场、新工艺情况。

由于截面数据指标过多，为实现降维目的，建立三个维度的主成分，然后构建如下计量模型。

$$Fin_{it} = \alpha_1 BE_{it} + \alpha_2 Inf_{it} + \alpha_3 Inv_{it} + \mu_i + \varepsilon_{it}^k \qquad (2-1)$$

其中，Fin_{it} 为第 i 个国家 t 时期中小企业融资可得性，BE、Inf 和 Inv 分别为营商环境维度、基础设施建设维度和创新能力维度。α_j 为对应的系数，μ_i 为个体效应，ε_{it} 为误差项。

为进一步对比不同规模企业融资可得性的影响因素差异，本文将加入大规模企业的样本进行分析。在大规模企业与中小企业样本的对比中，着重考察不同维度重要解释变量对企业融资可得性的影响。为此，构建如下模型：

$$Fin_{it}^{k} = \alpha X_{it}^{k} + \sum_{k_1 \in K} \beta_j X_{it}^{jk_1} + \mu_i'^{k} + \varepsilon_{it}'^{k} \qquad (2-2)$$

其中，X 为重要解释变量指标，μ_i' 为个体效应，ε_{it}' 为误差项，$X_{it}^{jk_1}$ 为其他维度解释变量，k 为考察维度重要解释变量。

样本数据来源于全球 139 个国家 13.5 万家企业的微观调查。数据整理过程中，本文对这 139 个国家的近 2 000 张报表进行合并整理。基于数据可得性，在控制相关因素后，利用上述模型（2-1）和模型（2-2）开展计量分析。

2.3.2　回归分析结果

2.3.2.1　总回归结果

通过主成分分析方法，利用单位化的细分指标，分别形成营商环境维度、基础设施建设维度和创新能力维度的综合指标，然后利用这些综合指标完成模型（2-1）的回归。结果如表 2-7 所示。模型（1）至模型（3）给出了单个维度综合指标对中小企业融资可得性的贡献分析，模型（4）给出了三个维度指标的综合性影响。可以发现，中小企业融资可得性与营商环境、基础设施与企业创新能力呈显著的正向关系，其中企业创新能力是三者中最为重要的解释变量。根据模型（4）的回归结果，首先，创新维度指数（Inv）提升一单位会促进中小企业融资可得性提高 11.108 个百分点。"打铁还需自身硬"，中小企业的创新能力越强，企业未来的发展空间越大，在金融市场上越容易获得资金融出方的认可。其次，营商环境的改善可以为中小企业提供公平的市场竞争环境，降低企业交易成本，促进企业发展，能显著改善中小微企业的融资可得性。表 2-7 中模型（4）显示营商环境一单位的改善，中小企业融资可得性将提高 5.299 个百分点。最后，基础设施的改善也能提升中小企业的融资可得性。

表2-7 基于综合指标的回归分析结果

	模型（1）	模型（2）	模型（3）	模型（4）
BE	9.420***			5.299***
	(6.06)			(2.76)
Inf		9.614***		4.121*
		(7.33)		(1.69)
Inv			11.459***	11.108***
			(8.80)	(5.25)
常数项	35.218***	33.050***	35.693***	35.160***
	(20.11)	(25.66)	(29.91)	(20.20)
样本（国家数量）	110	200	208	87
调整的 R^2	0.2471	0.2093	0.2698	0.4552
F检验	36.7685	53.6599	77.4777	24.9507

注：括号内为 t 值，***、**、*分别表示1%、5%、10%水平显著。由于不同维度的数据存在缺失，因此表格中模型（1）至模型（4）的样本容量会有所不同。

2.3.2.2 营商环境维度

营商环境对中小企业融资可得性的线性拟合如图2-7所示。以营商环境变量为横坐标，以融资可得性（有银行贷款或信用额度的企业占比）为纵坐标，分别形成基于腐败程度、安全成本、营业许可难度三个重要营商变量对中小企业融资可得性的简单线性拟合关系。可以发现，腐败程度、安全成本与营业许可获取难度及中小企业融资可得性呈反向关系，即一国营商环境越差，从银行获取贷款的企业比例越低，中小企业融资可得性越低。由于中小企业本身的脆弱性，可以预期相比大企业，即使身处同样的环境，中小企业也更容易遭受融资瓶颈。

表2-8回归结果反映的结论在方向上与图2-7基本一致。分样本看，相比大企业，腐败程度、安全成本、营业许可难度对中小企业融资的负面影响更显著，特别是安全成本，安全成本每提高1个百分点，中小企业融资可得性水平下降2.46个百分点，比大企业多降0.44个百分点；营业许可障碍会显著阻碍中小企业获取融资，但对大企业影响不明显。

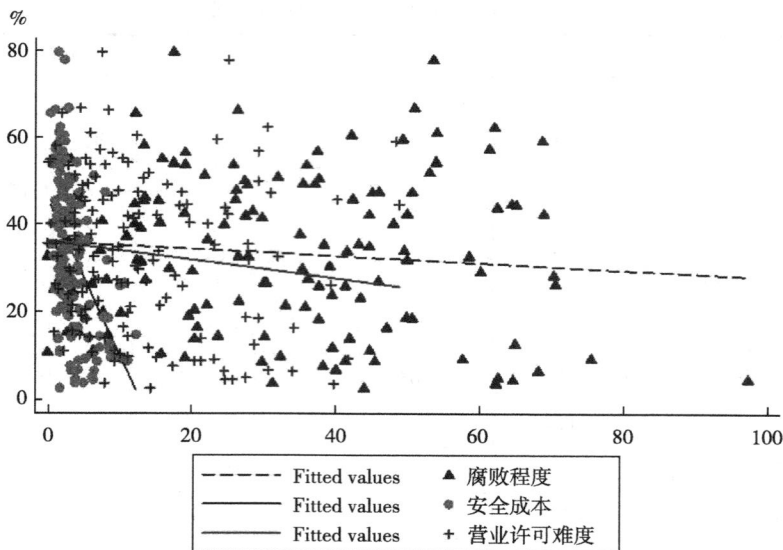

图2-7 营商环境与中小企业融资可得性

表2-8 营商环境对不同规模企业融资可得性的影响

	不同规模		不同规模		不同规模	
	Large	S&M	Large	S&M	Large	S&M
腐败程度	−0.008	−0.116				
	(−0.08)	(−1.53)				
安全成本			−2.022***	−2.460***		
			(−2.86)	(−4.76)		
营业许可难度					−0.12	−0.355***
					(−0.64)	(−2.69)
其他变量	控制	控制	控制	控制	控制	控制
样本（国家数量）	113	120	111	120	113	120
调整的 R^2	0.106	0.278	0.169	0.386	0.11	0.307
F 检验	3.667	10.179	5.465	15.948	3.761	11.568

注：括号内为 t 值，***、**、*分别表示1%、5%、10%水平显著。表中 Large 为大规模企业，S&M 为中小企业。

2.3.2.3 基础设施维度

从图2-8的简单拟合关系可以看出，一国非金融基础设施越差（用电中断比例越高），中小企业融资可得性越低；相反，随着一国金融基础设施水平的提高（储蓄账户覆盖面广），中小企业融资可得性相应上升。

控制企业所处的营商环境、创新能力及基本特征（年龄、产权性质）进一步展开 OLS 回归，表 2-9 呈现的结果反映出，基础设施对大企业融资可得性的影响不显著，但对中小企业有明显影响。非金融基础设施不足程度每加重 1 个百分点，中小企业融资可得性下降 0.08 个百分点；金融基础设施水平每提高 1 个百分点，小企业融资可得性上升 0.35 个百分点。

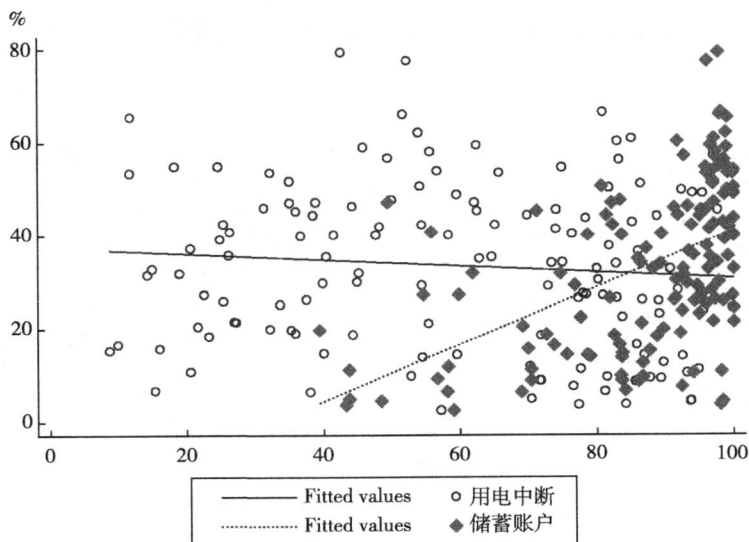

图 2-8　基础设施与中小企业融资可得性

表 2-9　基础设施对不同规模企业融资可得性的影响

	不同规模		不同规模	
	Large	S&M	Large	S&M
非金融基础设施 （不足）	−0.015	−0.084*		
	(−0.19)	(−1.74)		
金融基础设施			0.27	0.346***
			(1.4)	(4.51)
其他变量	控制	控制	控制	控制
样本（国家数量）	111	120	111	120
调整的 R^2	0.128	0.363	0.144	0.445
F 检验	4.235	14.576	4.698	20.104

注：括号内为 t 值，***、**、* 分别表示 1%、5%、10% 水平显著。表中 Large 为大规模企业，S&M 为中小企业。

2.3.2.4 创新能力维度

从图 2-9 简单的拟合情况看，除新市场开拓指标外，其他 5 项创新能力指标均显示出与企业融资可得性正相关。控制企业所处的营商环境、基础设施及基本特征（年龄、产权性质）进一步展开 OLS 回归，表 2-10 呈现的结果反映出，中小企业更受益于创新能力的提升，新产品、新工艺的开发有助于中小企业获得融资支持，但新市场的开拓对小企业融资无显著影响，并对大企业产生不利影响，说明非集约式发展模式难以得到融资市场的认可。

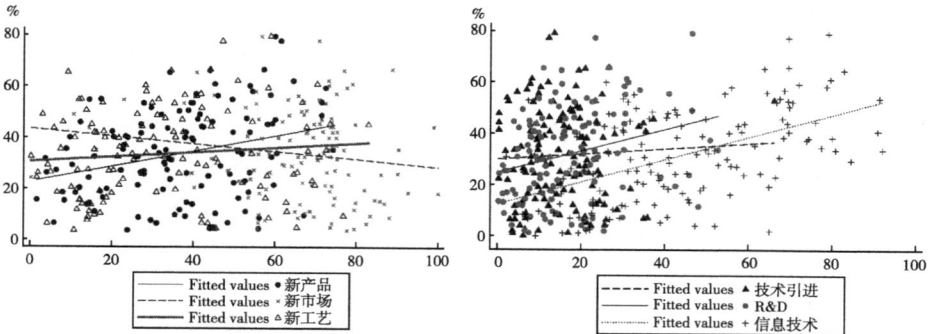

图 2-9 创新能力与中小企业融资可获得性

注：纵轴是企业融资可得性指标，横轴是各类创新变量。

（资料来源：世界银行企业调查数据库）

表 2-10 创新能力对不同规模企业融资可得性的影响

	不同规模		不同规模		不同规模	
	Large	S&M	Large	S&M	Large	S&M
新产品	0.099	0.304***				
	(0.97)	(3.89)				
新市场			−0.262**	−0.072		
			(−2.17)	(−0.94)		
新工艺					−0.041	0.145**
					(−0.50)	(2.1)
其他变量	控制	控制	控制	控制	控制	控制
样本（国家数量）	111	120	100	113	111	120
调整的 R^2	0.128	0.363	0.131	0.295	0.122	0.305
F 检验	4.235	14.576	3.984	10.353	4.067	11.458

注：括号内为 t 值，***、**、* 分别表示 1%、5%、10% 水平显著。表中 Large 为大规模企业，S&M 为中小企业。

2.4　本章小结

本章首先从国内和国际两方面梳理了中小企业融资动态，发现"融资难、融资贵"是世界性现象，因各国发展阶段差异、金融体系特质不一而呈现出较为明显的异质性。其次从官方统计指标方法、问卷调查方法和供需模型三方面总结中小企业融资可得性的测算方法。最后利用139个国家的调查数据开展实证分析，结果显示营商环境、基础设施建设、企业创新能力是影响中小企业融资可得性的重要因素。基于上文分析，可得到以下启示。

一是信贷需求缺口是中小企业融资需求缺口最重要的表现。对发展中国家而言，中小企业普遍依赖内源积累，而由于风险大，外源融资很难依靠股权融资，主要依靠银行信贷。由于正规信贷需求缺口较大，非正规借贷比例有所抬升。例如，印度中小企业信贷融资、非正规借贷、内源融资的比例约为1∶5∶1.5。巴西也存在类似情况，据巴西小微企业支持机构（SEBRAE）对营运资金和固定资产投资的资金来源渠道使用情况的调查，中小企业银行信贷、非正规借贷、内源融资的使用率比例约为1∶0.75∶3.5。孟加拉国中小企业银行信贷、非正规借贷、内源融资的比例大约为1∶1.5∶7.5。对发达国家而言，信贷需求可以得到更多的满足。据2018年德国复兴银行报告，德国中小企业注重内源积累，但外源融资以银行信贷为主，股权融资占比较低，德国中小企业的银行信贷、股权融资、内源融资的比例约为5∶1∶8。日本中小企业对银行信贷更为倚重，据日本中小企业厅数据，虽然日本中小企业内外源融资比例约为1∶3，但外源融资中九成以上为银行贷款。东京证券交易所数据显示，包含大量中小企业的二板与创业板2018年末的市值分别约为7万亿日元和5万亿日元，而同期中小企业贷款余额约为281万亿日元，远高于直接融资市场存量规模。

二是信贷融资是满足中小企业融资需求最重要的渠道。发展中国家受制于金融发展不足，监管能力不能适应股权融资市场发展的需要，部分要依靠信贷配给控制供给来达到均衡。世界银行报告显示，孟加拉国交易所上市所需的最低资本要求为10亿塔卡，高准入门槛限制了中小企业的直接融资渠道。而中小企业股权融资不足造成其债务杠杆往往偏高，恶化其融资结构，进一步加剧中小企业融资难。美国、德国、日本科技型中小企业数量较多，因风险收益高能够吸引一定股权投资，但大量的日常经营也离不开银行信贷的支撑，即使是股权投资，相当部分也是以对赌协议等形式存在，仍具有股权抵押贷款性质。据 OECD 相关数据，银行贷款是美国小微企业最重要的外源资金，小微企业股权融资、银行信贷、非正规借贷、内源融资的占比约为 1：1.6：0.8：1.3。

三是政府需以改善营商环境、基础设施为抓手提升中小企业融资可得性。根据上文截面回归结果，如果中小企业发展面临的营商环境约束更趋严格、基础设施不足，融资可得性将下降。为此，我国应尽快完善制度供给，围绕《中小企业促进法》，着手出台并健全与之相配套的信用担保、融资服务、政策性金融等方面的法律法规，形成支持中小微企业发展的中性竞争环境。同时，中小企业由于具有天然的弱质性，比如信息不对称、缺乏抵押物、治理不规范等，必然会阻碍其顺利获取融资。因此，需要政府以推进基础设施数量和质量建设为抓手，重视企业信息化服务平台、信用信息平台的电子化、智能化建设，提升金融基础设施的覆盖面及共享能力。

3　普惠金融支持中小企业的融资模式

3.1　首贷助贷模式

首贷助贷模式是银担机构针对尾部客户群体"无贷户"（俗称"白户"）的融资需求，建立首贷服务窗口或者首贷服务中心，依托金融科技的优势，提供精准的普惠金融服务（见图3-1）。一般而言，获得过首次贷款的企业再次申请贷款的概率会大大提高，同时获得贷款额度的比重也会提高，但是从"无贷户"升级为"首贷户"，却并非易事（闫东修，2020）。根据中国人民银行统计，中小微企业获得首贷平均时间在成立后的4年零4个月，但是很多企业等不到这个时间。相关研究显示，中国民营企业平均寿命仅为3.7年，离获得首贷平均时间还有8~9个月。其中主要面临三方面的障碍：一是缺信息、缺渠道。一些首贷户虽有融资需求，但没有融资经验，对信贷和准信贷政策认知不到位。二是征信少、评估难。中小企业内部治理结构往往会出现"身兼数职"、财税报表不全的情况，造成征信的基本信息不足。三是担保弱、风险高。由于资本积累相对较少，足值的抵押物或者相关担保品缺乏，客观上会形成首贷风险。

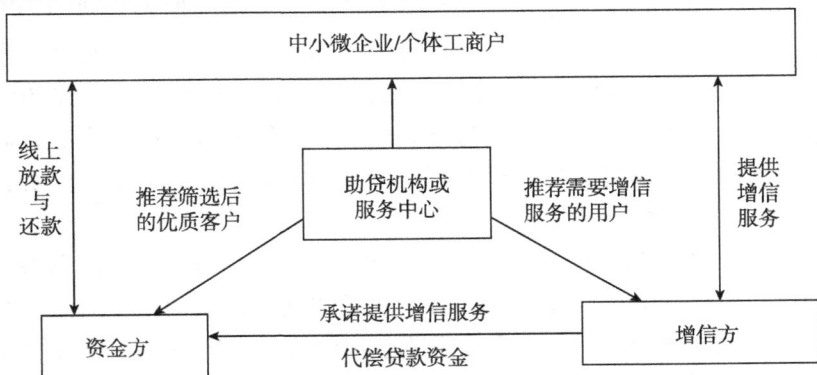

图3-1　首贷助贷模式的参与主体及运行框架

为解决"首贷难"问题,中国银保监会下发《2021年进一步推动小微企业金融服务高质量发展的通知》,将新增小微企业"首贷户"数量纳入内部绩效指标,并强调大型银行、股份制银行带头强化"首贷户"服务,努力实现2021年新增小微企业"首贷户"数量高于2020年。北京、上海、甘肃、江苏、浙江、天津等地纷纷成立首贷服务中心,或企业首贷服务窗口,或开展首贷助贷活动。例如,北京在2020年4月成立了全国首家首贷服务中心,运营初期1个月内就为韵动体感、中科润金环保工程等多家中小企业提供165笔贷款,贷款金额达到6.11亿元。天津滨海高新区于2021年成立"小微企业首贷续贷服务中心",结合不同行业经营特征,创新推出"科技双创贷""养牛贷""租金贷"等服务。依托该模式,宁波已建立首贷服务中心24家,实现市县两级全覆盖,并先后创设"首贷通""春风贷"等产品,在2020年7月到2021年6月,拓展小微企业首贷户15 791户(张全兴,2021)。

首贷助贷模式有三大要点:第一,引入一个服务中心,搭建首贷助贷服务体系;第二,创新一批符合中小微企业特点的产品,打造首贷助贷的"拳头"服务;第三,优化配套政策的支持,特别是完善风险补偿机制。

3.2 "四台一会"贷款模式

"四台一会"贷款模式是国家开发银行突破传统的贷款模式,主要涉及组织平台、担保平台、统贷平台、社会公示平台四个平台和一个信用协会(见图3-2)。当中小企业采用这一模式贷款时,被要求加入当地中小企业信用协会,由协会负责对会员企业进行信息归集、信用评级与自律管理等服务。社会公示平台定期公布建档会员信用评级、贷款贴息与违约情况等,以减少金融市场的逆向选择与道德风险。担保平台为中小企业贷款提供担保和开展保后监督。国开行统贷平台统一承接中小企业贷款业务,并对贷款项目实施监督。

"四台一会"贷款模式借助社会公示平台和信用协会开展金融服务,相对而言,可以降低中小企业融资对财务状况和抵质押物的依赖。国开行并不收取额外的服务费用,中小企业主要承担的是正常的贷款利率(肖志明等,2018)。该模式在开发性金融服务中小企业融资的实践中进行了有益的探索,形成了一些新的做法。在河南,该模式引入了保险公司合作,形成了政府、国开行、龙头企业、合作社、担保公司和保险公司的六方合作，优化了风险分担机制。在湖北随州，创新了资产收益方式支持中小企业、贫困户融资，完善了内部激励机制。

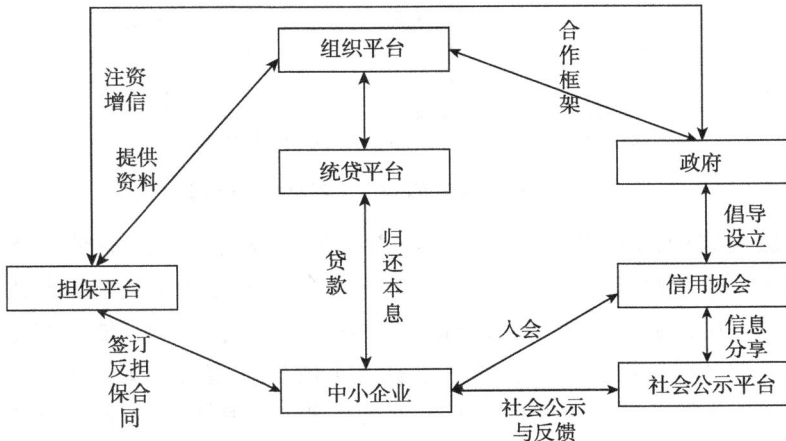

图3-2　"四台一会"贷款模式的参与主体及运行框架

"四台一会"已实现了全国性的推广，为中小企业发展提供了有效的支持。例如，2018年上半年国开行宁夏分行运用"四台一会"贷款模式为固原润农电子商务有限公司、彭阳县三泰科技实业公司等发放贷款总计约1亿元，为中小企业提供了有力的资金支持。2016年，国开行在贵州依托该模式，先后贷款19亿元，以支持贵州22个贫困县茶叶、中药材、果蔬等15种特色产业，直接惠及262家小微企业，10 822户农户。

3.3　桥隧模式

桥隧模式是在传统的三方担保关系（担保公司、银行和中小企业）的基础上，引入业界投资者作为第四方，使其发挥信贷市场和资本市场间的桥梁和隧道功能，为银行的中小企业担保贷款业务搭建"第二道风控防线"（见图3-3）。这一模式主要针对价值成长型中小企业，包括可能面临投资失败的新生企业。

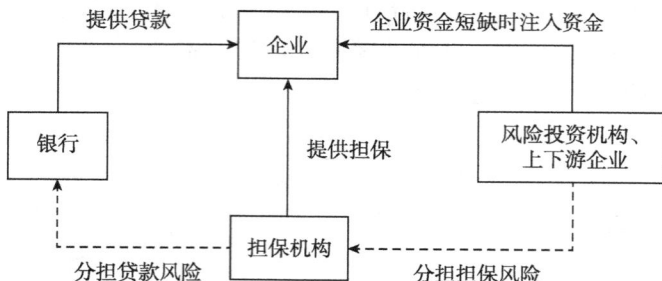

图3-3 桥隧模式的参与主体及运作框架

桥隧模式中的业界投资者，既可以是风险投资者、产业链上下游企业，也可以是产业基金、专项发展基金、投资公司等经济主体。作为第四方引入交易中，它们拥有关于目标企业的信息优势，例如，能较好地区分高质量企业和低质量企业，有利于融资链上的信息整合，减少银行—担保公司—中小企业关系网络中的信息不对称的程度，缓解中小企业融资（中国人民银行聊城市中心支行课题组，2014）。另外，桥隧模式具有较好的利益兼容性，引入市场主体的参与，有助于解决融资过程中的激励问题。在这一创新的贷款担保模式下，可以实现中小企业、银行、担保公司和业界投资者的"四方共赢"（金秋和金雪军，2019）。对于中小企业而言，提高获得银行贷款的概率，在财务困难时可通过出售或稀释股权，在业界投资者的帮助下渡过难关。对于银行而言，业界投资者的介入能为其减少交易成本，降低违约风险和不良贷款率。而担保公司则因业界投资者的或有介入，降低了寻找适合企业的成本与所承担的代偿风险，也有利于与银行长期平等合作，促进自身发展。对于业界投资者而言，能以较低的价格获得具有较好增长潜力的目标公司。

3.4 路衢模式

路衢模式突破了桥隧模式中资金募集渠道限于银行的问题，将多类型金融市场机构（银行、担保公司、信托公司、证券公司等）与多元化金融市场参与者（中小企业、投资者、政府机构等）通过四通八达的服务网络连接起来，为中小企业提供融资途径（见图3-4）。该模式风险分担机制的特色是引入了信托公司与集合信托债券基金，信托公司将众多中小企业的资金需求打包后以信托债权基金的形式向政府、银行、投资公司等市场主体募集资金（崔志明和龙小燕，2014）。

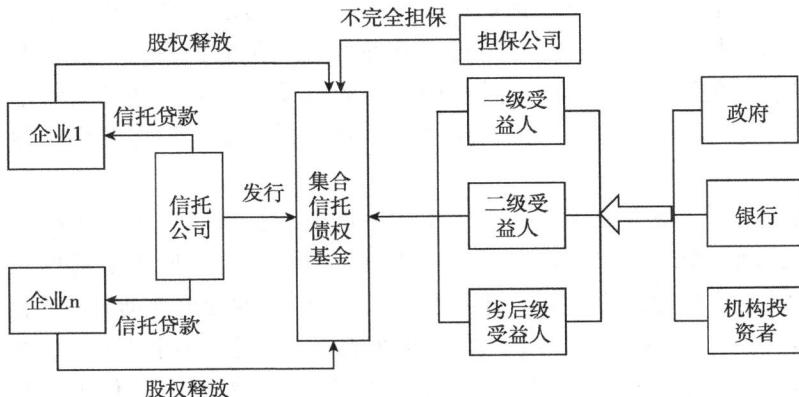

图 3-4 路衢模式的参与主体及运行框架

路衢模式相较于桥隧模式的资金募集方式，差异在于通过引入多元化的投资、融资主体，构建了一个更为开放的融资系统。同时，路衢模式运用分级信托机制，根据信托基金企业的风险差异，测算不同中小企业未来风险—收益的状况，将信托产品分为优先级（一级）、次级（二级）、劣后（三级）三个等级，来满足各类金融市场主体的差异化需求（付桂存，2019）。风险投资公司参与劣后投资。当中小企业现金流遭受未预期的恶化导致财务危机，无法按期支付债务时，风险投资公司可以以股权收购等形式介入，最大限度地保留企业的潜在价值。

在路衢模式中，首先，政府转变直接补贴为部分投资者的角色，避免财政补贴等可能产生的"寻租"问题，有助于促进融资效率的提升。其次，政府资金在债权信托运作过程中，能较快收回资金，缩短资金周转期，提高政府资金运行效率。最后，相对于投资主体，政府的风险规避程度较高，主要发挥价值引导功能，协助中小企业获得融资。

3.5 金融仓储融资模式

金融仓储融资模式是指在中小企业融资链条上引入专业的金融仓储企业，方便融资企业以原材料、半成品、产成品等动产价值质押给金融机构、获得融资。这一模式将贷款抵押物扩至动产，这为缺乏厂房、机器设备等不动产抵押物的中小企业提供了一条可行的融资路径。至今该模式主要形成两种较为典型的做法：动产第三方监管方式和仓单质押方式。在前一种方式中，中小企业向银行质押动产，并签订协议约定将动产转交给第三方金融仓储企业，由金融仓储企业进行仓储管理与价值监控，中小企业获得银行授信。在后一种方式中，融资中小企业将动产存储至金融仓储企业仓库中，以金融仓储企业出具的可质押仓单作为质押品，银行结合质押品价值等因素开展授信。

相对银行传统贷款模式，金融仓储融资模式在盘活中小企业存货资源过程中，利用金融仓储企业在动产价值评估与动产价值监管上的作用，降低银行动产质押贷款的风险。当质押动产发生较大的价值波动时，还会设置"补差"机制，以保证银行债权对应质押物的价值。对中小企业而言，这一模式在融资成本上虽然增加了中小企业的仓管费用（见表3-1），但由于有效的动产质押降低了借贷风险，贷款利率会有所下降。总的来看，这一模式在渠道与成本上都有利于富有动产资源的中小企业，比较适用于物流园区、产业园区、贸易集散地、保税仓库等场景应用。

金融仓储融资模式从2008年初次尝试到2013年快速发展再到现在的逐渐规范化标准化，可接受的动产标的物从钢材、铜等库存周期长的金属，扩至橡胶、粮油、生猪等农产品，实践范围从东部地区走向了中西部地区。例如，《中国经济时报》2019年9月的一则新闻，报道了贵州都匀农商行与贵州盛银保仓储有限公司自2016年开始依托该模式累计发放贷款资金6 000多万元。2021年8月，《潇湘晨报》报道，甘肃公航旅金融仓储基地为入驻客户及其上下游提供供应链管理与金融服务。由于该模式中金融仓储企业与中小企业有利益关联，存在联手骗贷风险（郭延安，2010），为尽可能控制潜在风险，相关标准相继被制定，如国家标准《担保存货第三方管理规范》（GB/T 31300—2014）、行业标准《质押监管企业评估指标》（SB/T 10979—2013）等，为金融仓储模式营造了良好的制度环境。

表3-1 传统贷款融资与金融仓储融资的对比

模式	传统贷款融资	金融仓储融资
融资涉及的标的	资金	动产和资金
融资的形式	仅融资	融资和融物，二者同时进行
融资涉及的主体关系	银行与融资者的借款关系	质权人与出质人的质押借款关系、监管人与出质人的监管关系、质权人与监管人的委托代理关系
中小企业的融资成本	贷款利率	贷款利率和仓管费用

3.6 知识产权质押融资模式

知识产权质押融资模式主要通过挖掘知识产权的资源属性在资金领域方面的潜力，为科技型企业解决融资难问题提供新渠道。该模式区别于传统的以不动产作为抵押物向金融机构申请贷款的方式，指企业或个人以合法拥有的专利权、商标权、著作权中的财产权经评估后作为质押物，通过保证保险、融资担保与补偿基金进行风险分担，向金融机构申请融资。这一模式主要应用于科技型中小企业。科技型中小企业大多数是轻资产、无抵押物，知识产权资源相对丰富且具有较高的成长价值。缺乏传统抵押物成为制约该类中小企业顺利融资的主要障碍，知识产权质押融资模式可以有力地缓解这一问题（梁美健和郭文，2021）。

整体而言，从国内各地知识产权质押融资运作方式看，主要代表做法有北京、上海和武汉三种模式。其中，北京模式采用的是"商业银行+企业专利权/商标专用权质押+政府政策"形式，商业银行联合律师事务所、资产评估公司与担保公司等中介机构，创新中小企业专利权和商标专用权质押合约，开发中小企业特别是科技型企业的产权资源。为引导与支持创新性产业发展，政府在市场机制发挥决定作用的基础上给予一定比例的贴息支持。例如，交通银行北京分行推出了"文化创意产业版权担保贷款"，工商银行北京平谷支行为平谷区提供了首例农业知识产权质押融资贷款。2021年，北京市科委、中关村管委会科技金融处根据《关于建立实施中关村知识产权质押融资成本分担和风险补偿机制的若干措施》等对知识产权质押贷款服务提供有条件的风险补偿。政策支持内容要求涉及单家企业的年度风险补偿资金不超过 500 万元，累计不超过 1 000 万元。

上海浦东模式采用的是"银行+政府基金担保+产权交易（价值认定、托管、处置退出）+专利权反担保"的间接质押形式。浦东生产力促进中心充当担保主体，浦东知识产权中心等第三方知识产权评估机构确定产权资源价值，企业则将其知识产权作为反担保质押品于生产力促进中心，采用担保贷款的形式从商业银行获得融资。

武汉模式采用的是"银行+科技担保公司+专利权反担保+政府政策"。科技担保公司接受企业专利权、著作权等无形资产作为反担保物，为中小科技企业提供担保业务，银行创新融资合约，为中小企业提供资金。同时，政府对专利权质押成功的中小企业提供贴息，且发挥监督作用。据湖北知识产权局信息报道，2018 年武汉专利权质押成功给四五十家中小科技型企业融资 98 笔，共计 7.12 亿元。

4 普惠金融的数字化发展动态

数字普惠金融是指利用数字技术，以负责任和成本可负担的方法提供普惠金融的可持续性行动（孙天琦，2016），包含通过电子货币、电子支付、区块链等数字技术实现信贷、支付、保险、理财等金融产品和服务。

4.1 数字普惠金融的发展特征

随着通信技术的升级和数字基础设施建设的完善，我国普惠金融数字化趋势越发明显。根据北京大学数字普惠金融研究中心的报告，数字普惠金融指数的省际中位数从 2011 年的 33.58 跨越式增长到了 2020 年的334.82，年均复合增长 29.11%。随着数字化金融产品与服务品类日益丰富，数字普惠金融业务地域渗透率不断提升，普惠金融的发展逐渐降低了对传统金融网点的依赖，数字化也成为推动普惠金融可持续发展的重要方向（中国银行保险监督管理委员会，2020）。从供给方来看，数字普惠金融既能通过线上服务，减少物理网点的投入，降低金融服务的边际成本，又能受惠于线上获客，优化风险管理能力，提升生产效率。从需求方来看，数字普惠金融在覆盖面、便利度和多样化等方面带来了个性化的金融服务，最终惠及需求者。我国数字普惠金融发展主要呈现以下 5 个特点：

第一，数字普惠金融实现了跨越式的发展。图 4-1 给出了我国 2011—2020 年数字普惠金融指数省际均值走势。指数从 2011 年的 39.96一路上升至 2020 年的 341.26，增长了 7.26 倍。指数曲线斜率陡峭，每三年大致走完 100 点，反映了我国数字普惠金融总体发展速度迅猛。近几年，普惠金融发展速度有所放缓，但是仍然处于中高速阶段，2020 年即使遭遇百年未有的疫情冲击，我国数字普惠金融指数省际均值同比增长率为 5.25%。

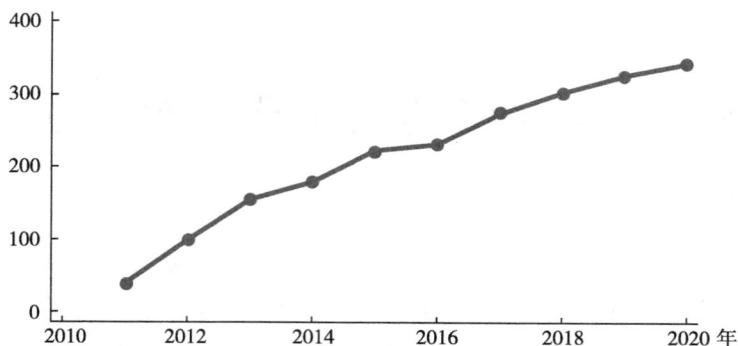

图4-1 2011—2020年数字普惠金融指数省际均值走势

（资料来源：北京大学数字普惠金融研究中心2021年报告，经作者整理）

第二，数字普惠金融发展从专业化向系统化转变。数字普惠金融这一转变不是否认专业化的基础，而是突出基于专业化上的系统性。它不仅包括制度保障和基础设施的日益完善，还包括金融服务链条的逐渐完备。目前，我国数字普惠金融在服务主体上逐渐形成以银行类金融机构为核心、非银金融为补充、互联网公司为支撑、金融科技企业赋能的格局（见图4-2），服务对象上着重关注"三农"主体、中小微企业，服务功能可以满足移动支付、线上征信、网络信贷、网销保险、网络理财、互联网信托、金融数据云处理等多维需求。随着技术门槛的形成与平台应用的场景化发展，金融机构与非金融机构、科技公司与非科技公司在普惠金融服务环节中立足专业化服务的同时，形成了更多优势互补的合作，从支付到信贷、到征信、到产业链信用资产联动，不断延长普惠金融服务链条。

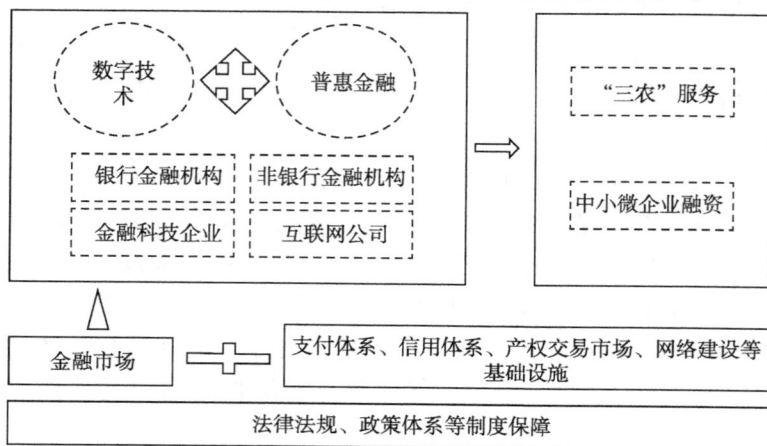

图4-2 数字普惠金融的系统

第三，数字普惠金融发展呈现出明显的区域差异。按照东部、中部、西部分区考察（见表4-1），无论是中位数、均值，还是最小值和最大值，经济较为发达的东部地区数字普惠金融发展水平最高，其次是中部，最后是西部。按照北方与南方的分区考察，均值和中位数的比较结果表明南方发展快于北方，前者指数均值高出15.72。从T检验结果看，东部地区数字普惠金融指数在1%显著水平上领先西部地区41.15，在5%显著水平上领先中部地区32.00，而中部地区与西部地区的指数差异并不明显。南方数字普惠金融发展在10%显著水平上高于北方。可以说，数字普惠金融的区域分布总体呈现出南方较北方发展略有优势、东部较中西部相对领先、中西部齐头并进的格局。图4-3显示了数字普惠金融指数的区域均值走势。比较不同年份的数值分布长度，可以发现，近三年指数比较稳定，东部地区的上海市、北京市和浙江省稳居前三甲的位置。2016年各省份指数分布最为集中，东中西部差距有望缩小。

表4-1　2011—2020年分区域数字普惠金融指数的统计特征

区域	均值	中位数	标准差	最小值	最大值	样本数
东部	240.43	244.5	100.26	32	432	110
中部	208.43	217.5	94.54	25	359	80
西部	199.28	210.5	91.89	16	345	120
北方	208.6	216.5	93.87	18	418	160
南方	224.3	229.5	100	16	432	150
区域比较	东部>中部		东部>西部		中部>西部	
T检验	32.00** (0.013)		41.15*** (0.001)		9.15 (0.249)	
区域比较	南方>北方					
T检验	15.72* (0.077)					

注：括号内是t检验原假设为两区域均值相等对应的p值，*、**和***分别表示在10%、5%和1%的水平上显著。

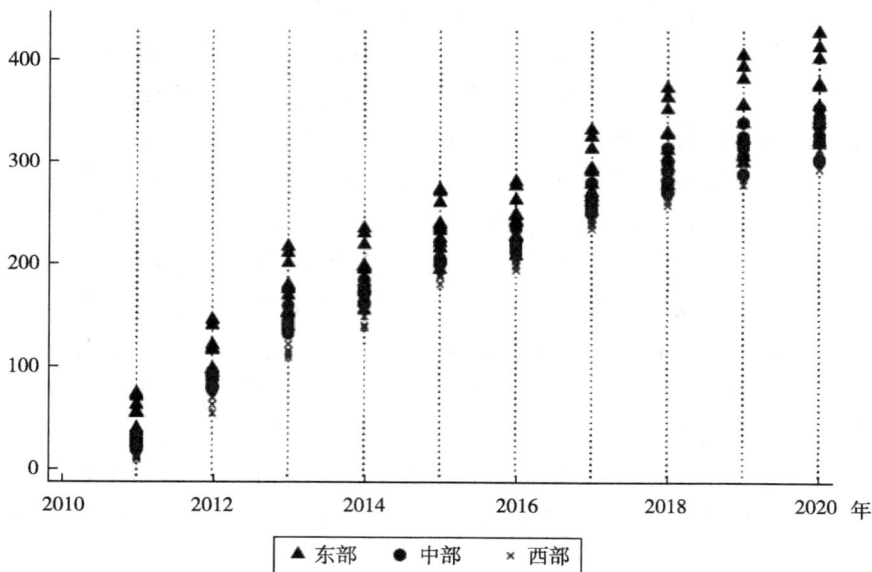

图 4-3　2011—2020 年数字普惠金融指数区域均值走势

第四，数字普惠金融领域数字支付一枝独秀。移动互联网丰富了数字普惠金融的服务渠道，促进了金融产品的创新，更大程度地满足尾部客户的金融需求，特别是在支付领域。根据 QuestMobile 数据显示，截至 2021 年 6 月，中国移动互联网用户达到了历史峰值 11.64 亿户。换言之，我国每 10 人中有 7~8 人是移动互联网用户。以手机、平板等终端为载体的移动金融服务，可以解决传统物理网点建设难以解决的金融服务差距问题，在尾部客户的生产、消费、交换等环节中促进金融服务与普惠群体需求的精准对接。在支付领域，根据《中国互联网络发展状况统计报告》，截至 2020 年末，我国网络支付用户占网民总量的 86.4%，达到了 8.54 亿户。在 2020 年移动支付安全大调查报告中，98% 的受访者认为移动支付是最常用的支付方式，并且移动支付频率为每日 3 次每户。

第五，数字普惠金融提升的驱动力主要来自覆盖面的拓展。表 4-2 显示了数字普惠金融指数对覆盖广度、使用深度和数字支持服务度的回归结果，其中，列（1）为 2011—2020 年的全样本回归结果，列（2）至列（6）为 2015 年以来的滚动样本回归结果。从全样本回归结果来看，覆盖广度、使用深度和数字支持服务度在 1% 显著水平上分别解释了 54.16%、29.60% 和 16.29% 的指数构成。从滚动样本回归结果来看，覆盖广度贡献率有所下滑，从 2015—2020 年的 0.5424 下滑至 2019—2020 年的 0.5396，使用深度的贡献率相反，从 2015—2020 年的 0.2958 逐年上升至 2019—2020 年的 0.2999，这说明数字普惠金融逐渐走出初期的规模拓展时代，进入市场精耕阶段。

表 4-2　数字普惠金融指数的驱动力分析

	（1）	（2）	（3）	（4）	（5）	（6）
覆盖广度	0.5416***	0.5424***	0.5425***	0.5428***	0.5408***	0.5396***
	（673.71）	（480.72）	（415.16）	（328.62）	（279.22）	（211.90）
使用深度	0.2960***	0.2958***	0.2960***	0.2953***	0.2986***	0.2999***
	（466.47）	（347.35）	（336.73）	（333.09）	（162.26）	（149.62）
数字支持服务度	0.1629***	0.1621***	0.1614***	0.1612***	0.1558***	0.1548***
	（468.01）	（222.55）	（142.04）	（111.74）	（43.57）	（38.80）
常数项	−0.0062	0.1201	0.2517	0.4849	2.1935**	2.5110**
	（−0.11）	（0.49）	（0.94）	（1.61）	（2.16）	（2.17）
样本量	310	186	155	124	93	62
调整 R^2	1	1	1	0.9999	0.9999	0.9999
F 统计值	8.00E+06	1.50E+06	1.10E+06	6.40E+05	4.30E+05	2.70E+05

注：列（1）至（6）分别为 2011—2020 年、2015—2020 年、2016—2020 年、2017—2020 年、2018—2020 年、2019—2020 年的线性回归结果。括号内为 t 值，*、** 和 *** 分别表示在 10%、5% 和 1% 的水平上显著。

4.2　数字普惠金融的融资模式

现有数字普惠金融的融资模式可以划分为基于大数据的网络小贷模式、网络众筹模式、P2P 网络信贷融资模式、供应链融资模式和传统金融机构"触网"融资模式五种类型。

4.2.1　基于大数据的网络小贷模式

基于大数据的网络小贷模式通常是指融资主体从依赖于电子商务平台建立的小额贷款公司或合作银行获得融资的模式，其中小额贷款公司等机构利用电子商务平台等电子网络系统留下的大数据改善融资服务。根据图 4-4 基于大数据的网络小贷模式流程可知，这一模式主要涵盖两个阶段：第一阶段，融资主体向小额贷款公司提出贷款申请，后者通过电子商务平台获取其历史经营、财务等信用数据，利用信贷数据风控模型交叉检验的方式进行信用评估，从而决定是否对其进行放贷。第二阶段，放贷成功后，仍利用电子商务平台对融资企业的现金流及经营状况进行实时监控，以此防控贷款风险并保证信贷资源的良好配置。

相较于独立的小额信贷公司，这一模式中的网络小贷公司主要依托于电子商务平台，能够利用大数据资源优势，有效地降低信息成本和风控成本，提高融资效率。

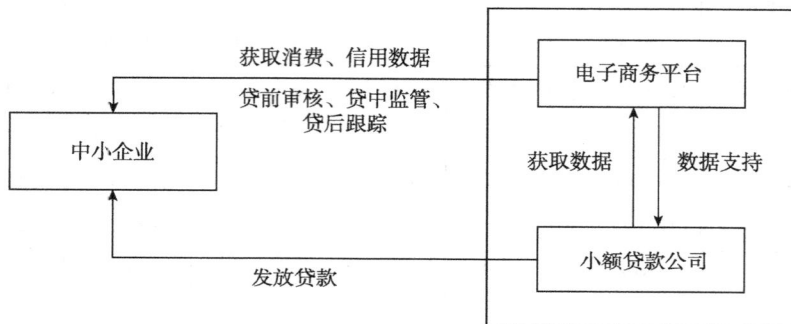

图4-4 基于大数据的小额信贷融资模式流程

4.2.2 网络众筹模式

网络众筹模式是指资金需求方将自身创设的新项目通过互联网社交平台向公众进行筹资，投资人并不受投资经验、出资门槛的限制。从图4-5的众筹融资模式流程可看出该模式主要有三个阶段：第一，中小企业等资金需求方将融资需求上传到众筹融资平台，该平台组织相关专业机构进行审核。第二，待项目获得通过后，融资方被允许在该平台发布融资项目信息，公众对项目信息进行分析判断后确定是否投资以及投资规模大小。融资方获得资金后，众筹融资平台同时对所筹资金进行相应监督。第三，待项目执行完毕后，融资方以一定的公司股份、现金、企业产品等一种或多种形式兑现对投资者承诺的回报。

该模式对项目发起人和投资者的门槛要求较低，发起人只需要有能力兑现预期投资回报，几元到几千元不等的投资规模也被允许。这一模式有利于提高普通民众参与金融业务的广度和深度，对解决创新型企业的融资困境具有突破性的意义。

网络众筹模式的盈利主要来源于交易手续费、增值服务费和营销推广费，其中，手续费一般为融资总额的 5%左右。众筹融资的核心在于互联网平台可以在短时间内聚集数量庞大的投资参与者，实现全面分散化的融资。

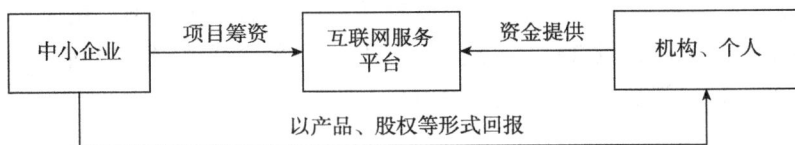

图 4-5　网络众筹融资模式流程

4.2.3　P2P 网络信贷融资模式

P2P 网络信贷融资模式是指融资主体借由 P2P 网贷平台等融资中介，按照一定的竞标原则获得融资服务。P2P 网络信贷融资具体的流程包括 3 个阶段（见图 4-6）。第一阶段，中小企业等融资主体可以通过 P2P 网络信贷平台发布相关融资需求，随后平台对其营业执照、线上资格、信用、还款能力等进行资质审核，并发布通过审核的借款项目。第二阶段，出资人根据网络信贷平台上发布的融资项目列表进行自主选择。第三阶段，借贷双方实现借贷匹配且 P2P 平台对贷款风险进行监控。

图 4-6　P2P 网络信贷融资模式流程

在匹配过程中，平台交易一般通过"竞标"方式，根据发布的借款信息，投标利率不能高于借款人约定的最高值，出借人用自有资金进行全额或者部分投标。一般一个借款人的资金由多个出借人出资，若投资总额大于需求量，优先撮合利率最低的资金中标。若未能在项目时间内完成筹资则视为流标。这样的融资竞标方式相较于传统融资匹配过程，更有利于分散的个体参与并降低投资者的风险。资质审核的信用甄别过程是保证 P2P 网络借贷平台促进风险—收益匹配的关键。P2P 平台通常会采用线上和线下相结合的模式进行信用鉴定，线上通过与全国权威数据中心合作，比如法院、公安局等，线下则通过实地考察借款人征信。

目前，对于 P2P 平台来说，若没有抵押担保，其收费水平较低，利润来源主要是服务费，一般为成交额的 2%~5%（郑联盛，2014），其他大多数业务是免费的。但是 P2P 平台若无法有效核实资金用途与相关资料的真实性，就会产生数据真实性风险、信息安全风险、借款人违约风险、公司资本金不足风险和管理风险等，不利于投资者。我国 P2P 网络信贷融资模式从 2006 年舶来兴起，经历了 5 000 家平台公司的高峰时期，由于经营不规范以及风控问题，到 2020 年底大量 P2P 网贷平台或清退，或转型为网络小贷平台、持牌消费金融公司、助贷机构。

4.2.4　供应链融资模式

供应链融资通常是指基于供应链上下游的交易往来信息，金融机构在金融科技的支持下，为链属企业提供融资服务。图 4-7 展示了供业链融资模式的运行流程。首先，基于与核心企业业务往来而形成的产业链信息，链属企业向银行等金融机构提出贷款申请并提交相关材料。其次，产业链核心企业基于大数据下的信用评估向银行等金融机构提供信用担保，承诺在融资方不能如期还款付息时代为履约。最后，金融机构向符合条件的资金需求方发放贷款，并实施贷后风险监控。

该模式的关键在于有信誉良好且财务报表健全的产业链核心企业，且与链属企业形成融资联盟。核心企业不仅拥有自身的信用优势，而且还拥有产业链内部各主体之间的信息流、物流、资金流资源，可作为产业链上金融服务较为客观的授信依据（汤婷等，2021）。融资联盟将核心企业信用沿着供应链传导到末梢，为中小微企业增信授信，转变单个企业的不可控风险。另外，一些成功的供应链融资模式还引入保险公司的全程保障和多方出资的风险保障资金池。结合大数据的分析方法，供应链融资模式适用于经销商—供应商企业网络、"物流+"合作企业、上下游订单式合作企业。

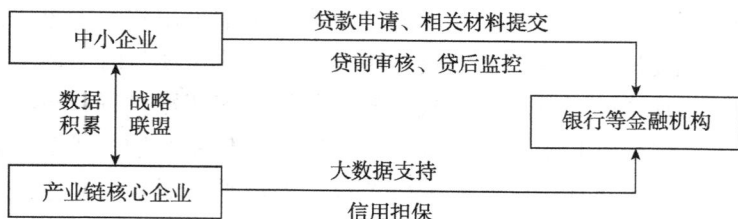

图 4-7　供应链融资模式流程

4.2.5　传统金融机构"触网"融资模式

传统金融机构"触网"融资模式主要指商业银行通过采取传统电子渠道和新型互联网金融业态"双线"创新互联网融资业务。图4-8是传统金融机构"触网"融资模式的主要流程。从图4-8中可知，该模式主要包含两方面：一是银行业创新开通广泛的线上服务模式，其主要利用互联网和手机端电子支付；二是自建电商平台融入尾部资金需求方及其生态，以较低的融资成本为其提供便捷的融资服务。

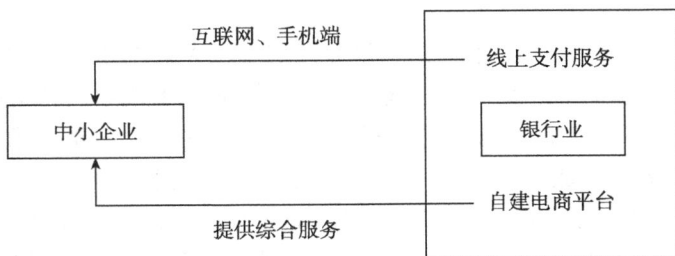

图4-8　传统金融机构"触网"融资模式流程

在疫情的冲击下，商业银行的传统普惠服务承压，被迫加速向数字化、智能化转型。据《潇湘晨报》相关报道，上海银行2020年上半年的线上客户增加了18%，互联网业务交易额同比增长了56%，普惠金融贷款余额相对年初增长了184%。商业银行作为普惠金融的主力军，传统金融机构"触网"融资模式将是数字普惠金融的重要方向。

结合上述五类模式及其运行流程的分析，从资金获得的便利性来看，网络众筹模式和P2P网络信贷融资模式同属于C2C（Customer to Customer）形式，开放性相对较高，投融资个体可以直接参与融资项目，同时，投资人可以根据自己的意愿提供小额贷款，但是会存在资金风险管理与监管问题。对于有一定信用度和交易数据较为丰富的中小企业，供应链融资模式和基于大数据的网络小贷模式适用性更强。这两者同属于B2B（Bank to Business）形式，融资特征更为稳定。从征信角度来看，各模式一般通过对资金需求方的身份核查、熟人体系或大数据等进行信用评定，来确定其是否符合融资条件，并确定是否追加抵押品。

尤其值得注意的是，在处理信息不对称问题方面，网络众筹模式和P2P网络信贷融资模式的能力稍弱，而供应链融资模式和基于大数据的网络小贷模式稍胜一筹。基于大数据的网络小贷模式的优势在于利用数据挖掘和分析技术，集合和整理网络平台散落的数据片段，对借贷双方信用等级进行评测分级，可大大降低融资过程中的信息不对称性问题。这对于信誉好、经营稳定且网络营销运用较好的中小企业大有裨益，有利于缓解金融机构"惜贷""慎贷"的问题。供应链融资模式的主要优势是供应链中信誉较好的核心企业的高信用可以惠及链属企业，有助于化解传统金融模式下中小企业因有效担保物少或者信誉不高而面临的贷款困境。

4.3　数字普惠金融的支付模式

普惠金融的支付模式是基于移动支付技术。大量的移动支付已经融入我们生活的方方面面，极大地降低了金融机构的人工成本、营运场所成本及其他成本（林淼，2018）。世界银行调查显示，企业供应链的数字化可通过建立数字化支付通道，扩大小企业获得信贷和保险的机会（The World Bank Group 和 People's Bank of China，2018）。移动支付产业链由用户、金融机构、第三方支付平台、移动运营商、网络终端设备提供商和监管机构构成。

在实践经验上，移动支付主要形成了金融机构主导型、移动运营商主导型、第三方支付机构主导型的 3 种运营模式。从移动支付市场份额占比看，我国属于第三方支付机构主导型的运营模式。第三方支付服务提供商，如支付宝和微信，通过智能手机应用程序，与银行或其他类型金融机构建立账户连接，以此完成用户的支付命令。此模式中，银行承担资金划拨给付职能，移动运营商担负支付信息的传输任务，第三方支付机构充当中介确保交易顺利完成。

金融机构主导型的运营模式始于韩国，早期是由银行金融机构通过搭建与移动运营商联结的网络，通过 STK 卡的使用完成支付命令。随着智能手机的应用与推广，当前主要是基于金融机构手机银行 App，移动通信网络提供背后的技术支撑，通过银行账户支付密码、手机短信验证码等方式完成支付口令的发送。

移动运营商主导型模式始于日本。日本移动运营商利用产业链中的优势地位，整合了各参与主体的资源，通过参股银行提供移动银行业务，从而牵头组织起整个移动支付产业链。日本移动通信运营商 NTT DoCoMo 公司，依托其规模巨大的客户群，通过混业经营、参股银行及信用卡公司，不断扩展对上下游产业链的控制，占据了日本移动支付业务市场的主导地位。此外，该公司与三井住友银行联合推出的 ID 借记卡业务，使得其移动支付业务突破了小额支付的界限。

最近几年，非洲国家肯尼亚成了移动支付的"领头羊"。肯尼亚移动支付是典型的移动运营商主导型，支付账户不需要与金融机构的账户挂钩，主要由移动网络运营商提供。虽然基础设施相对落后、金融业并不发达，但肯尼亚移动支付成功取代了银行卡和银行支付的功能，实现了资金的收储、支付、转移和兑现。肯尼亚电信公司 Safaricom 于 2007 年推出的移动支付产品 M-PESA，推动移动支付的迅速普及。M-PESA 不需要依靠智能手机和 3G/4G 网络，只需通过在便利店开设业务办理网点。针对该区域居民长期处于贫困状态，大部分没有固定住址和银行账户的现实，M-PESA 充分满足该类居民的日常消费以及资金划转需求，逐渐被越来越多的非洲国家居民接受和认可。疫情期间，M-PESA 模式在非洲得到了更大范围的推广，帮助家庭和企业对冲了疫情带来的卫生和经济冲击。

4.4 数字普惠金融的风控创新

与传统的风险管理相比，基于数字技术的风险管理能够实现样本监测全覆盖，对风险发生的规律、方式、特征等方面进行及时的分析，然后能最大限度地优化风险测评与管理。例如，数字技术可对已经监测到的风险开展量化分析，然后设计出与风险相匹配的金融产品，将不同风险的金融产品销售给信用等级不同的客户，从而实现更优的风险分散或风险转移（林淼，2018）。陆岷峰和徐阳洋（2018）认为，可以应用大数据技术、AI 技术手段对金融服务平台发布的借款信息、借款人身份进行交叉检验，核实源头信息的真实性，建立更有效、智能的风控系统。

以百融金服的风控解决方案为例。百融金服是百融金融信息服务股份有限公司的简称，是一个集人工智能、风控云、大数据技术为一体的智能科技公司，为金融行业提供产品与服务管理。公司设计的风控管理方案改变基于信贷历史的传统风控逻辑，在数据来源、分析效率、风险管理等方面实现了依托大数据技术的创新。在数据来源方面，互联网上以各种方式被记录下来的数据都可以成为信用建立的原材料，形成包括融资用户身份类数据、社交类数据、互联网行为数据、消费数据、信用类数据、履约能力类数据和公债类数据的数据源，大大拓展了传统数据的覆盖面。在分析效率上，利用机器学习、知识图谱、决策树等大数据技术，进行数据清洗、整合与挖掘，可以提高数据使用效率，提升客户信用分析的准确性。在风险管理上，利用客户信用分析结论提供金融服务支持，同时在贷后建立大数据技术驱动的催收模式。

尽管数字化在普惠金融的推进中渐入佳境，但总体来看，数字风控技术的应用在中国尚处于初级阶段，在用户授权、数据采集、信息挖掘、征信服务与应用等诸多方面，还存有较大的发展潜力与发展空间。数字风控的难度在于其对数据和技术的要求上，金融公司该如何克服这一问题，提高金融产品与服务质量，有待实践的进一步探索。目前来看，单一的金融机构难以做到，与专业、中立的第三方技术风控公司合作是符合专业化分工理论的一条可行路径。

4.5　数字普惠金融的监管

数字技术的创新性应用为普惠金融注入了新活力，与此同时，也带来了新风险，不仅包括金融风险，还有数字风险，可能造成数字鸿沟、信息泄露、数字金融供应商的欺诈等问题，对金融监管提出新要求、新挑战。金融监管一方面要助力增强普惠金融能力，另一方面要提升数字化监管水平，以实现数字普惠金融创新与风险、商业利益与社会责任的动态平衡。目前，数字普惠金融监管主要在以下四个方面推进。

4.5.1　推进金融监管的数字化升级

金融监管体系要能根据金融发展水平、结构变迁和风险变化，动态配置监管资源，促使金融监管能力建设与金融创新相适应①。数字化转型是金融行业面临的一大发展趋势，金融监管当局在引导金融机构加快数字化转型的同时，日益重视监管的数字化升级，以防止出现因数字壁垒产生的风险应对不足等问题。2020年中国人民银行的科技工作电视电话会议明确指出要加强科技支撑，深入开展"数字央行"建设，以提高金融监管能力。同时，中国银保监会也在推进制定数字化转型的专项监管政策，例如在2021年1月发布《中国银保监会监管数据安全管理办法（试行）》，旨在建立监管数据安全协同管理体系。江苏银保监局在2021年6月成立监管科

---

①　这是刘鹤在中信出版集团出版的《21世纪金融监管》作序中指出的。

技研发中心，以科技赋能解决监管痛点、难点，提升监管效能。团队自主研发的"千里马""金捕快"和"智多星"监管核心应用在重点风险排查工作中发挥了重要作用。同年，中国证监会形成了以科技监管局、信息中心为一体，以中证数据与中证技术为两翼的科技监管架构，以优化监管功能与信息技术对接机制。

4.5.2 加强数字普惠金融的规范建设

规范建设是数字普惠金融有序发展的基础与支撑。监管当局积极开展数字普惠金融产品设计、业务规范和技术安全的标准化、规范化工作，通过总结归纳通用方案和管理经验，形成一套符合中国金融发展的规范机制，以规范整顿市场乱象，促进数字普惠金融的有序发展。自 2016 年以来，中国人民银行带头组织相继形成《中国金融移动支付 支付标记化技术规范 （JR/T 0149—2016）》《云计算技术金融应用规范 容灾 （JR/T 0168—2018）》《移动金融基于声纹识别的安全应用技术规范 （JR/T 0164—2018）》、中国集成电路 （IC） 卡系列规范 （JR/T 0025—2018） 等国家金融行业标准。针对 P2P 发展乱象，2019 年互联网金融风险专项整治工作领导小组办公室、P2P 网络借贷风险专项整治工作领导小组办公室联合发布了《关于做好网贷机构分类处置和风险防范工作的意见》，提供了六大类网贷机构处置规范。为保障网络小贷公司及客户合法权益，2020 年银保监会同中国人民银行等部门推出了《网络小额贷款业务管理暂行办法（征求意见稿）》。在数字普惠金融行业的准入标准、服务标准、风险提示和披露机制方面，监管当局与行业共同制定了《非金融机构支付服务管理办法》、最低信息披露标准规则等，扩大 LEI 应用，完善数字普惠金融的合规操作。

4.5.3 引入"监管沙盒"机制

"监管沙盒"在监管语境下是指监管者为金融科技公司提供一个安全框架，允许其在真实的市场环境中，测试创新性产品、服务或者商业模式，且相关活动不会招致通常的监管后果。这一概念是由英国政府科学办公室在 2015 年的《金融科技的未来》中提出的，之后英国金融行为监管局（Financial Conduct Authority）将其引入金融监管中。由于这一机制积极践行创新与安全目标并重，澳大利亚、新加坡、美国、日本等国纷纷效仿。我国于 2020 年 3 月 16 日在北京首批试点，之后试点在上海、深圳、重庆、苏州、杭州、广州等"多地开花",尝试将难以预测的数字普惠金融创新性的风险置于沙盒之中测试评估。已经入盒的金融业务种类包括信贷、创新性银行服务、支付、溯源、风控等,其中,信贷和风控占比超过一半。入盒的市场机构主体多为银行和科技公司,"持牌金融机构+科技公司"搭车入盒是目前"监管沙盒"试点的一大特征。

4.5.4 加强数字金融消费者保护

随着"数字+金融"的大跨步发展,消费者合法权益受侵犯的事件频出。有部分不法分子甚至打着数字普惠金融的旗号从事金融骗局活动,致使消费者利益严重受损。据中国人民银行报告,2019年收到了超 6.3 万起金融消费者投诉,投诉业务包括支付结算管理、银行卡、贷款、征信管理、储蓄、个人金融信息等。为此,中国人民银行在 2020 年 9 月出台了《中国人民银行金融消费者权益保护实施办法》,在金融机构行为规范、个人金融信息保护、投诉受理与处理、监督与管理机制等方面,在更大的适用范围上提出了适应数字化发展的金融消费者保护新规范。除了显性的利益受损外,数字普惠金融发展还存在隐性的风险,例如数字鸿沟问题。尾部客户群体相当一部分是缺乏金融知识和数字知识的,在获取数字普惠金融服务时会存在不同层次的障碍。加快普及金融知识,减少数字鸿沟的不利影响,不仅是保护消费者权利的内在要求,也是数字普惠金融持续发展的重要组成部分。目前,各地监管机构联合服务机构开展金融知识宣讲、金融夜校、金融课堂、金融广播等各式活动深入基层,以精准有效地加强消费者的金融风险认知,持续提升消费者的金融素养。

5　普惠金融与中小企业融资约束

5.1　普惠金融支持中小企业融资的理论基础

普惠金融是在成本可负担的前提下，通过持续的金融市场竞争与金融产品创新，降低金融排斥，使得尾部群体客户可以获得金融服务。中小企业由于内外部多重因素存在融资可得性低、融资渠道狭窄、融资成本相对较高等问题，在激烈的市场竞争中，有时会因此失去生存和发展的空间。中小企业"融资难、融资贵"问题是金融业长期发展存在的"顽疾"，也是新常态下金融回归实体经济的症结之一。发展普惠金融，一方面，创新金融产品与服务，发挥企业"硬信息"和"软信息"功能，改善融资市场的信息不对称程度，减少外部融资风险溢价，降低企业生产性投资活动对内部现金流的敏感程度，缓解中小企业的融资约束；另一方面，有针对性地减少对中小企业的金融错配与金融排斥，拓宽融资渠道和融资规模，使中小企业能受益于普惠金融的"去门槛效应"和"涓滴效应"。为此，本章将着重检验普惠金融缓解中小企业融资约束的效果。

关于中小企业融资问题较为成熟的基础理论主要有信息不对称理论、信贷配给理论、关系型融资理论和啄食顺序理论。在普惠金融背景下，大量学者对这些基础理论进行视角、资料和方法的拓展与延伸，形成了日益丰富的理论探索。

5.1.1　信息不对称理论

信息不对称是指金融市场中交易双方不能完全获取对称信息，从而导致交易受阻或者交易一方受损的现象。由于社会分工、信息主体获取信息能力差异、信息传递方式等原因，信息不对称会导致金融市场上出现逆向选择与道德风险问题。在讨论中小企业的融资问题时，中小企业与金融机构间出现的信息不对称现象是关注的重点。López 和 Sogorb（2008）认为，中小企业相对大型企业而言，在融资过程中更易受制于信息因素而产生高额的交易费用。中小企业的财务制度和治理结构相对不完善，公开的信息与信息获取渠道较少，生产经营容易出现偶然事件，这会使金融机构在该融资关系中处于相对不利的地位，影响其融资策略。为了预防可能发生的违约等信用风险，银行等金融机构通常会采用提高贷款利率等方式来保证自身利益。一些经营状况较好的中小企业由于不愿负担因过高利率导致的额外融资成本，而选择放弃信贷市场。Agarwal 和 Hauswald（2010）研究了在信息不透明的信贷市场中物理距离对获取和使用私人信息的影响，发现贷款人强化软信息的能力会改变资金供给结构。Hossain 等（2021）认为，一个地区金融机构越多，借款人信息不对称和监控成本越低，违约风险越低，也越能增加中小企业获得信贷资金的机会。

国内学者林毅夫和李永军（2001）认为，中小金融机构可以通过银企双方的"长期互动"和"共同监督"加强对软信息的开发与使用，对解决中小企业面临的信息不对称问题具有积极作用。尹志超和甘犁（2011）运用某国有银行 2002—2009 年的企业借款信息，对银行信贷市场的信息不对称和贷款违约进行了实证研究，结果显示，总体上道德风险模型能够解释信贷市场的信息不对称，但考虑了企业的异质性后，在信贷市场上同时存在道德风险和逆向选择的信息不对称问题。皮天雷等（2018）的研究表明，金融科技在信息收集与处理方面有较强优势，可以更好地进行信息筛选和风险甄别，降低中小企业的信息不对称。

5.1.2　信贷配给理论

信贷配给是指借贷需求即使在融资方接受金融合约中所有价格与非价格条件时仍然无法得到满足，在市场上形成超额的融资需求。信贷配给可分为信贷供给配给与信贷需求配给。前者通常有两种情况：第一种是贷款需求申请遭受差别待遇，一部分被接受，另一部分即使愿意提高支付的利率也无法被接受；第二种是贷款申请被部分满足。信贷需求配给则是指贷款人出于价格、交易成本和抵押风险等因素的考量自动退出借贷市场的现象，按照 Boucher 等（2009）划分，可分为风险配给、价格配给和交易成本配给。Rodriguez 等（2012）基于新凯恩斯理论，从市场失灵、价格刚性、信息不对称等层面梳理了已有研究关于信贷配给起源的讨论。

林毅夫和李永军（2001）的研究结论表示，在大型商业银行占主导的金融体制下，大型金融机构更倾向为大企业提供融资业务，因此产生中小企业的融资缺口。早在 1931 年，英国学者麦克米伦在英国国会上提出中小企业由于经营特点，即使提供一定的担保，商业银行出于信用风险的考量，虽有融资倾向，也不会轻易对中小企业融资。王霄和张捷（2003）构建了内生化抵押品和企业规模的信贷配给模型，发现在均衡时，中小企业如果资产规模小于银行要求的临界抵押品价值，更易受到信贷配给。Andrieș 等（2018）利用欧洲中小企业的数据分析也发现，在集中的金融市场中，中小企业的信贷配给现象更为严重，若加速银行间的竞争或发展可持续增长的金融体系，则有助于改善信贷配给。

最近几年，普惠金融如何影响信贷配给问题的探讨正在增多。例如，Wang 等（2019）研究认为，将区块链技术嵌入信贷系统会改善信贷配给，促使无法提供抵押品的中小企业获得银行贷款，因为中小企业能够通过分布式账本记录的验证展示信誉和风险等级。Ndegwa（2020）以肯尼亚农业为考察对象，认为气候风险与信贷可得性是小农生产力提升面临的主要风险，将天气指数保险与信贷结合在一起可以改善非自愿数量配给或者自愿风险配给。

5.1.3 关系型融资理论

关系型融资与交易型融资相对，强调金融机构与融资方之间的长期关系会对融资行为产生影响。通常，在长期关系中部分私有信息（特别是软信息）的产生有助于形成声誉租金，缓解融资约束，改善风险防控。Hodgman（1961）创新性地研究了存款关系对银行借贷行为的影响，指出存款关系是商业银行投资行为的一个决定因素，从而开辟了关系型融资领域的研究。胡志浩和李勔（2019）从价值、关系强度、金融中介组织结构、竞争与监管变化、金融科技发展等方面总结了国内外关系型融资的研究成果。他们认为，关系型融资是出资方通过长期互动，收集与利用融资方的私有信息来平滑租金分配的一种融资行为。Berger 等（2017）认为，小银行会利用关系型融资的比较优势，为危机中遭受流动性冲击的中小企业提供流动性服务。国内学者钱龙（2015）认为，商业银行在关系型借贷中，可充分利用银企关系缓解信贷市场信息不对称，降低对贷款企业的甄别和监督成本。钟世和苗文龙（2017）认为，基于电子商务的互联网贷款平台主要利用商务往来形成的"软信息"来开展信贷决策，属于关系型融资，相对于其他无电商平台的网络借贷，信贷风险水平较低。

5.1.4 啄食顺序理论

啄食顺序理论（Pecking Order Theory）又称为融资优序理论，在经典 MM 理论基础上，综合了代理成本理论、信息不对称理论和权衡理论的研究成果，认为企业不同时期融资需求差异以及信息不对称下的决策优化行为塑造企业的资本结构（Mayers 和 Majluf，1984）。由于交易成本和信息不对称的存在，企业优先选择无交易成本的内源性融资，若借助于外源性融资，债务融资由于成本优势和治理功能，被排在优先位置，股权融资则是企业最后的选择。Berger 和 Udell（1998）研究表明，企业规模是影响企业融资结构变化的基本因素之一。陈晓红和刘剑（2006）探析了中国中小企业不同成长阶段融资渠道的选择问题，认为中小企业存在明显的"强制优序融资"现象，其中一个原因是中小企业对创新性金融服务缺乏认知。于梦娇（2019）利用中国中小企业上市公司面板，构建差分 GMM 模型，对比分析上市与否对企业融资约束的影响，发现上市前后中小企业的融资约束发生了变化，且上市后融资约束反而加剧了，表现为上市后中小企业现金流敏感程度提升。据此，作者建议中小企业要审慎选择上市融资，基于优序融资原理优化融资策略。

5.2 模型构建与变量说明

5.2.1 企业融资约束模型

融资约束一般是指因金融市场发展滞后、信息不对称等，企业的外源性融资成本相对于内源性筹资成本更高，致使企业无法获得与最优投资水平相匹配的资金规模。投资—现金流敏感性模型（也称 FHP 模型）和现金—现金流敏感性模型（也称 ACW 模型））是目前分析企业融资约束最为主流的两个实证分析框架。前者由 Fazzari 等（1988；2000）提出，他们基于制造业面板数据的比较分析，发现在企业对外融资能力受限的情况下，投资支出对内部融资可用性较为敏感，换言之，投资对现金流的变动在有融资约束时表现出"过度敏感性"。后者由 Almeida 等（2004）提出，他们通过构建一个企业流动性需求模型，表明融资约束对企业的影响会反映在现金对现金流的敏感性上，1971—2000 年制造业企业的实证估计也支持这一观点。

基于 FHP 和 ACW 模型，许多学者对企业融资约束的特征、影响因素及其效果进行了大量的研究。例如，Hirth 和 Viswanatha（2011）通过受融资约束企业的两阶段决策模型，认为公司在平衡当前与未来融资成本时，如果受更多融资约束或者现金流风险更大，更不愿意投资。国内学者孙骏可等（2019）在 FHP 模型的基础上，定量分析了风险投资对企业融资约束的积极影响。王凤荣和慕庆宇（2019）利用 FHP 模型，分析了中小银行的发展对企业融资约束带来的缓解作用，并指出这一缓解作用集中体现在国有中小企业与弱政府干预地区的民营企业。连玉君等（2008）认为，ACW 模型是分析中国企业融资约束更好的工具，姚耀军和董钢锋（2015）则使用 ACW 模型分析金融发展水平和金融结构对中国中小企业的影响。Almeida 等（2021）延长 Almeida 等（2004）的样本时间至 1971—2019 年，并从韦尔奇修正、Q 值误差修正和格里泽—哈洛克批评三方面重新审视 ACW 模型，发现 ACW 模型较为稳健。

相对于 ACW 模型，FHP 模型存在较多不足。连玉君等（2007）发现，由于代理问题的存在，受融资约束较轻的企业也会有较强的投资—现金流敏感度。姚耀军和董钢锋（2015）在研究中指出，FHP 模型在经验分析中存在托宾 Q 测度偏误和识别困扰。Sánchez（2018）利用蒙特卡罗模拟，测试 FHP 模型是否存在会计恒等式的使用问题，发现投资—现金流两者之间的关系会通过半恒等式或会计部分恒等式（API）相关联。由于数据越接近会计恒等式，因果关系在回归中就越无法得到充分的支持，因此 Sánchez（2018）并不认同使用 FHP 模型来分析融资约束。鉴于此，本书以更为稳健的现金—现金流敏感度模型作为基准，借鉴 Almeida 等（2021），将模型设计如下：

$$DCash_{it} = \alpha + \beta CF_{it} + \sum_{k \in K} \gamma_k CV_{it} + d_t + \mu_i + \varepsilon_{it} \qquad (5-1)$$

式中，i 为中小企业标识，t 为年份，$DCash$ 为企业现金持有变动额，CF 为现金流，CV^k 为其他控制变量，γ_k 为第 k 个其他控制变量对应的参数，d_t 为时间效应，μ_i 为个体效应，ε_{it} 为误差项。模型（5-1）主要是检验中小企业融资受约束的强度。可以通过观察 β 的数值大小作出相应的判定：如果 $\beta > 0$，企业现金流与现金持有行为形成正相关，表明中小企业存在明显的外部融资约束；反之则相反。

为检验普惠金融对中小企业融资约束的影响，本书分别从传统普惠金融与数字普惠金融两个层面进行分析。为识别传统普惠金融对中小企业融资约束的影响，将传统普惠金融发展指数（TIF）引入式（5-1）中，构建如下模型：

$$DCash_{it} = \alpha + \beta CF_{it} + \beta_1 CF_{it} \times TIF_{it} + \sum_{k \in K} \gamma_k CV_{it} + d_t + \mu_i + \varepsilon_{it} \quad (5-2)$$

其中，TIF 为传统普惠金融发展指数，β_1 为重点考察参数，体现普惠金融对现金—现金流敏感性的影响，反映的是传统普惠金融对中小企业融资约束缓解程度。当 β_1 显著为负时，说明传统普惠金融会促使中小企业持有较少的现金及其等价物，也就是说，普惠金融会改善中小企业面临的融资困难。当它显著为正时，恰好相反，中小企业的现金持有决策加强了对现金流的依赖程度，传统普惠金融不能对中小企业融资起到缓解作用。

为识别数字普惠金融对中小企业融资约束的影响，将数字普惠金融发展指数（DIF）引入式（5-1）中，构建如下模型：

$$DCash_{it} = \alpha + \beta CF_{it} + \beta_2 CF_{it} \times DIF_{it} + \sum_{k \in K} \gamma_k CV_{it} + d_t + \mu_i + \varepsilon_{it}$$

$$(5-3)$$

其中，交乘项前面的系数 β_2 为重点考察对象，反映的是数字普惠金融对中小企业融资约束的影响。当 β_2 显著为负时，数字普惠金融发展指数的提高能改善中小企业融资约束，反之则相反。

5.2.2 普惠金融指标

5.2.2.1 传统普惠金融发展指数

普惠金融发展指数的指标体系和构建方法尚未在国际上达成共识，奠基性论文 Sarma（2008）、Beck 和 Demirgüç-Kunt（2009）开启了相关的研究思潮。本书借鉴 Sarma 和 Pais（2008）、Nizam 等（2020）、李建伟（2017）等研究成果，从金融服务的覆盖率、金融服务的使用性、金融服务普惠质量三个维度来构建指数（见表5-1）。本章聚焦于中小企业融资问题，在指标选取上与第7章不同，例如，在普惠质量方面纳入了更多小额贷款服务的信息。基于数据的可获得性，本章选择的分类指标具体有以下3个方面。

第一，金融服务的覆盖率。覆盖率是普惠金融服务广度的体现，使用每万人拥有的金融机构法人[①]网点数量、每万平方公里金融机构网点数量、

---

① 金融机构法人包括城市商业银行、政策性银行、财务公司、农村信用社、股份制商业银行、邮政储蓄银行、外资银行、大型商业银行和城市信用社，其网点以下简称金融机构网点。

每万人金融机构网点从业人员数量、每万平方公里金融机构法人网点从业人员数量等指标来衡量。

第二,金融服务的使用情况。使用情况是普惠金融服务深度的体现,反映包括银行存贷业务、债务融资、股权融资、保险等普惠金融服务的客群参与情况。本章使用金融机构存款余额占 GDP 比重、贷款余额占 GDP 比重、保险密度、保险深度、当年债券筹资额占 GDP 比重、当年 A 股筹资额占 GDP 比重来衡量。

第三,金融服务的普惠质量。普惠金融服务质量集中体现在减除尾部客户包括小微企业、"三农"群体的金融排斥并增强相关服务质量,使用涉农贷款余额与各项贷款的比值、小额贷款公司贷款余额占各项贷款的比值、每万人拥有的小额贷款机构数量、每万人小额贷款机构从业人员数量、不良贷款率。其中,不良贷款率既会影响银行机构提供融资服务的意愿,也会影响银行机构提供普惠金融的可持续性,基于此,本章将不良贷款率作为普惠质量的子指标。

表 5-1　传统普惠金融指标体系

维度指标	子指标	标识	计量单位	指标类型
覆盖率	每万人拥有的金融机构法人网点数量	wgrk	家/万人	正向
	每万平方公里金融机构法人网点数量	wgmj	家/万平方公里	正向
	每万人金融机构网点从业人员数量	wsrk	人/万人	正向
	每万平方公里金融机构法人网点从业人员数量	wsmj	人/万平方公里	正向
使用情况	金融机构存款余额占 GDP 比重	cksy	%	正向
	贷款余额占 GDP 比重	dksy	%	正向
	保险密度	bxmd	元/人	正向
	保险深度	bxsd	%	正向
	当年债券筹资额占 GDP 比重	bdgp	%	正向
	当年 A 股筹资额占 GDP 比重	gpgp	%	正向
普惠质量	涉农贷款额度与各项贷款的比值	skdk	%	正向
	小额贷款公司贷款余额占各项贷款的比值	xedk	%	正向
	每万人拥有的小额贷款机构数量	xdrk	家/万人	正向
	每万人小额贷款机构从业人员数量	xsrk	人/万人	正向
	不良贷款率	bldk	%	负向

根据上述指标选择结果，本章利用 Wind 数据库、国泰安数据库、各省金融运行报告以及年度金融年鉴搜集原始数据，形成 2010—2018 年的省级面板。对原始面板数据进行如下处理：第一，正向同趋势化处理。上述子指标既有正向的，也有负向的。为避免由于子指标方向不同造成综合指标偏差，本书首先将负向指标转化为正向指标，进行正向同趋势化处理。第二，标准化处理。各子指标量纲和数量级存在差异，当各子指标间的水平相差很多时，高数值子指标在综合分析的作用会被强化，低数值子指标则会被削弱。为提高综合指标的可靠性，对原始指标数据进行 Min-Max 标准化处理。第三，降维处理。上述子指标存在较高的相关性（见表 5-2），例如覆盖率维度中，每万人拥有的金融机构法人网点数量和每万人金融机构网点从业人员数量相关性系数均达到了 0.741。另外，根据 KMO 指标检验，涉农贷款余额占各项贷款的比例高至 0.879，表明主成分分析方法①比较适用于传统普惠金融子指标的降维。主成分分析方法可以将多个具有一定相关性的变量重新组合为一个新的无相关性的变量，既可以尽可能地保留原始变量的信息，又可减少变量间高度相关的共线性问题。第四，正值单位化处理。由于主成分分析结果可能会形成某些省份某个年份的综合指数低于平均值，小于零，为减少负值带来的影响，对综合指标进行 Min-Max 标准化，将普惠金融发展指数的变动区间定位为 [0，1]。

表 5-2　普惠金融子指标的相关系数

变量	wgrk	wgmj	wsrk	wsmj	cksy	dksy	bxmd	bxsd
wgrk	1.000							
wgmj	0.176***	1.000						
wsrk	0.741***	0.582***	1.000					
wsmj	0.140**	0.969***	0.599***	1.000				
cksy	0.446***	0.402***	0.514***	0.424***	1.000			
dksy	0.623***	0.290***	0.598***	0.299***	0.703***	1.000		
bxmd	0.362***	0.677***	0.727***	0.653***	0.508***	0.427***	1.000	
bxsd	0.340***	0.261***	0.537***	0.264***	0.291***	0.365***	0.680***	1.000
bdgp	0.195***	0.234***	0.317***	0.206***	0.494***	0.337***	0.331***	0.187***
gpgp	0.158***	0.171***	0.241***	0.187***	0.479***	0.202***	0.330***	0.187***

---

①　主成分分析方法可以将多个具有一定相关性的变量重新组合为一个新的无相关性的变量来替代原来的指标，既可以尽可能地保留原始变量的信息，又可减少变量间高度相关的共线性问题。

变量	wgrk	wgmj	wsrk	wsmj	cksy	dksy	bxmd	bxsd
skdk	−0.183***	−0.393***	−0.378***	−0.374***	−0.319***	−0.189***	−0.372***	−0.140**
xedk	−0.086	−0.209***	−0.130**	−0.209***	−0.282***	−0.121**	−0.154***	−0.155***
xdrk	0.441***	−0.180***	0.320***	−0.152**	−0.039	0.393***	0.020	0.240***
xsrk	0.354***	−0.137**	0.256***	−0.123**	−0.037	0.396***	0.056	0.226***
bldk	0.235***	−0.187***	0.090	−0.187***	−0.219***	0.117*	0.071	0.350***

变量	bdgp	gpgp	skdk	xedk	xdrk	xsrk	bldk
bdgp	1.000						
gpgp	0.327***	1.000					
skdk	−0.228***	−0.110*	1.000				
xedk	−0.095	−0.204***	0.174***	1.000			
xdrk	−0.070	−0.135**	0.176***	0.380***	1.000		
xsrk	−0.060	−0.138**	0.145**	0.560***	0.907***	1.000	
bldk	−0.104*	−0.128**	0.197***	−0.054	0.283***	0.230***	1.000

注：*、** 和 *** 分别表示在 10%、5% 和 1% 的水平上显著。

利用主成分分析原理，对 15 个子指标变量正交转化为一组互不相关的综合指标。表 5-3 给出主成分分析中的各主成分特征值和方差贡献度。由表 5-3 可得，特征值表现了各主成分对普惠金融的解释力度，在第 4 个主成分之后的所有主成分特征值越来越小，并且均小于 1，同时前 4 个主成分的累积方差贡献率达到了 72.4%。一般而言，特征值大于 1 可作为主成分的抽取条件。由此，提取前 4 个主成分，以实现降维目的。

表 5-3 构建传统普惠金融指标的各主成分特征值和方差贡献度

主成分（Comp）	特征根	方差贡献率	累积方差贡献率
Comp1	5.085	0.339	0.339
Comp2	3.015	0.201	0.540
Comp3	1.421	0.095	0.635
Comp4	1.339	0.089	0.724
Comp5	0.920	0.061	0.785
Comp6	0.764	0.051	0.836
Comp7	0.657	0.044	0.880
Comp8	0.523	0.035	0.915

续表

主成分（Comp）	特征根	方差贡献率	累积方差贡献率
Comp9	0.428	0.029	0.944
Comp10	0.382	0.026	0.969
Comp11	0.155	0.010	0.979
Comp12	0.136	0.009	0.988
Comp13	0.107	0.007	0.996
Comp14	0.051	0.003	0.999
Comp15	0.017	0.001	1.000

表5-4 给出了前4个主成分载荷。每一列代表一主成分作为原来线性变量组合的相关系数，相关系数绝对值越大意味着主成分对该变量的代表性也越大。覆盖率指标维度的载荷主要集中于主成分1和主成分3，使用情况维度指标的载荷主要集中于第1、第3和第4个主成分，普惠质量维度的载荷主要集中于第1、第2和第4个主成分。换言之，第1个主成分对各维度变量的解释较为充分。

表5-4　构建传统普惠金融发展指数的因子载荷矩阵

变量	主成分1	主成分2	主成分3	主成分4
wgrk	0.277	0.265	−0.182	−0.040
wgmj	0.319	−0.215	0.417	0.049
wsrk	0.391	0.120	0.107	−0.031
wsmj	0.318	−0.209	0.415	0.055
cksy	0.334	−0.083	−0.348	0.210
dksy	0.318	0.205	−0.227	0.115
bxmd	0.374	−0.037	0.179	−0.153
bxsd	0.267	0.148	0.038	−0.417
bdgp	0.214	−0.083	−0.341	0.215
gpgp	0.183	−0.134	−0.418	0.074
skdk	−0.209	0.176	−0.121	−0.125
xedk	−0.117	0.283	0.274	0.451
xdrk	0.063	0.523	0.060	0.124
xsrk	0.057	0.517	0.133	0.229
bldk	−0.004	−0.276	0.037	0.632

利用载荷计算各主成分的得分，以归一化的方差贡献率为权重，形成初期的普惠金融发展指数，最后根据上文的逻辑，进行第4步处理，形成各省历年传统普惠金融发展指数（TIF）。

表5-5给出了区域层面的传统普惠金融发展指数。可以看出，有5个省、市、地区的指数均值超过0.3，依次为上海、北京、天津、辽宁和浙江，都为东部地区，其中，上海和北京的均值和中位数都超过0.7。指数均值排名垫底的省份依次为湖南、江西、云南、贵州和河南，主要是中西部地区，其中湖南的均值最低，为0.079。

表5-5 2010—2018年各省、市、地区传统普惠金融发展指数的统计特征

省份	均值	中位数	标准差	偏度	峰度
上海	0.770	0.764	0.102	1.201	3.962
北京	0.724	0.746	0.050	−0.266	1.362
天津	0.475	0.484	0.054	−0.410	1.714
辽宁	0.310	0.310	0.043	−0.027	1.506
浙江	0.306	0.281	0.042	0.689	1.654
宁夏	0.264	0.268	0.039	0.483	2.049
广东	0.261	0.259	0.041	−0.082	1.565
重庆	0.251	0.242	0.049	−0.153	1.699
西藏	0.247	0.249	0.141	−0.047	1.700
江苏	0.241	0.227	0.051	0.616	2.522
山西	0.222	0.241	0.038	−0.590	2.063
吉林	0.218	0.227	0.044	−0.257	1.527
内蒙古	0.217	0.218	0.049	0.277	1.571
青海	0.214	0.235	0.064	−1.046	2.863
海南	0.190	0.188	0.027	−0.306	1.812
甘肃	0.188	0.204	0.056	−0.380	1.905
陕西	0.183	0.189	0.027	−0.274	2.299
黑龙江	0.179	0.165	0.055	0.353	1.959
四川	0.178	0.192	0.036	−0.850	2.291
河北	0.160	0.164	0.030	−0.415	1.807
新疆	0.157	0.167	0.044	−0.722	2.162
福建	0.156	0.151	0.018	0.386	1.495
安徽	0.141	0.144	0.019	−0.527	2.446

续表

省份	均值	中位数	标准差	偏度	峰度
山东	0.135	0.133	0.023	0.664	2.472
广西	0.127	0.131	0.038	0.095	2.106
湖北	0.125	0.127	0.021	−0.160	1.888
河南	0.099	0.098	0.031	0.587	2.295
贵州	0.094	0.092	0.021	−0.016	1.487
云南	0.091	0.082	0.024	0.393	1.739
江西	0.079	0.098	0.044	−0.828	2.193
湖南	0.079	0.078	0.019	0.051	2.359

5.2.2.2 数字普惠金融发展指数

数字普惠金融发展指数（DIF）采用北京大学数字普惠金融中心课题组编制的省级指标，包括数字普惠金融覆盖广度（Width）、使用深度（Depth）和数字服务支持程度（Dgtl）。该指标原始数据是蚂蚁集团的海量微观数据。指标值越大，数字普惠金融越发达。相关数据的统计特征可见第4章数字普惠金融的发展特征部分。为便于与传统普惠金融的作用形成对比，将数字普惠金融发展指数进行 Min-Max 标准化处理（见表5-6）。可以看出，有3个省、市、地区的数字普惠金融指数均值超过0.6，依次为上海、北京、浙江，都为东部地区。相对于传统普惠金融，浙江在数字化普惠金融的推进优势相对明显。均值排名垫底的省份依次为青海、西藏、甘肃、贵州和新疆，都为西部地区，其中青海的均值最低，为0.4。

表5-6 2011—2019年各省、市、地区数字普惠金融发展指数的统计特征

省份	均值	中位数	标准差	偏度	峰度
上海	0.637	0.635	0.271	−0.320	2.159
北京	0.625	0.637	0.262	−0.378	2.182
浙江	0.600	0.602	0.255	−0.310	2.136
江苏	0.549	0.560	0.250	−0.320	2.067
福建	0.549	0.560	0.249	−0.334	2.077
广东	0.548	0.549	0.243	−0.263	2.044
天津	0.526	0.543	0.233	−0.378	2.137
湖北	0.507	0.523	0.252	−0.400	2.100

省份	均值	中位数	标准差	偏度	峰度
海南	0.492	0.517	0.238	−0.396	2.040
重庆	0.488	0.510	0.237	−0.433	2.128
山东	0.486	0.507	0.240	−0.408	2.144
安徽	0.480	0.490	0.247	−0.359	2.100
辽宁	0.478	0.511	0.221	−0.563	2.264
陕西	0.476	0.496	0.236	−0.363	2.060
四川	0.471	0.490	0.231	−0.399	2.097
江西	0.466	0.481	0.242	−0.387	2.105
河南	0.460	0.476	0.248	−0.343	2.015
湖南	0.456	0.471	0.232	−0.377	2.111
山西	0.454	0.480	0.230	−0.423	2.102
广西	0.453	0.478	0.233	−0.402	2.022
内蒙古	0.447	0.496	0.219	−0.639	2.299
河北	0.445	0.459	0.229	−0.378	2.068
云南	0.441	0.468	0.233	−0.453	2.095
黑龙江	0.441	0.481	0.218	−0.546	2.130
宁夏	0.437	0.475	0.221	−0.512	2.120
吉林	0.436	0.472	0.223	−0.550	2.192
新疆	0.429	0.459	0.225	−0.550	2.266
贵州	0.419	0.445	0.234	−0.425	2.013
甘肃	0.417	0.447	0.226	−0.485	2.144
西藏	0.409	0.431	0.238	−0.340	1.926
青海	0.400	0.436	0.228	−0.441	1.979

5.2.3 其他变量说明

由于我国中小企业财务数据相对不透明，对中小企业融资表现的相关研究主要基于调查数据（刘晓光和苟琴，2016）或者基于中小企业板的样本。由于调查数据获得的难度较高且可能存在的非客观性，本书选择在我国中小企业板上市且仅发行 A 股的公司。在拓展的现金—现金流敏感度模型中，现金持有量的变动（Dcash）为被解释变量，本书采用现金及现金等价物净增加额与期初资产的比值来测度。中小企业现金流（CF）借鉴

Khurana 等（2006）和姚耀军和董钢锋（2015）等人的衡量方法，采用经营活动现金流量净额与期初资产的比值来测度。当中小企业较难从外部融资获得资金时，企业在经营活动时会持有一部分现金类资产以缓解融资约束带来的不利影响。其他控制变量，借鉴 Almeida 等（2021）的研究，选取企业规模、资本结构、企业成长性、资本性支出、净营运资本的变动和期限结构。其中，企业规模（Size）利用中小企业期末总资产余额的自然对数来测度。资本结构（Lev）采用企业总负债与总资产来衡量。许多研究表明，资本结构与企业的现金流配置存在密切联系。企业成长性（Growth）采用营业收入的增长率来测度。资本性支出（CExp）采用剔除总资产规模影响的资本性支出来衡量。期限结构（TSt）采用短期借款占总资产比重来测度。

　　本书最终的数据由 961 家中小企业、共 6 536 个研究样本组成。所有的财务数据均来源于国泰安数据库、Wind 数据库。对中小企业层面的财务变量进行 1%分位和 99%分位 Winsorize 缩尾处理。对中小企业板数据进行如下处理：（1）删除退市的上市公司数据；（2）保留至少三年的连续会计记录，以减少新上市的影响；（3）删除缺失或异常值样本。

　　表 5-7 呈现了所有变量的描述性统计。可见，中小企业现金持有量变动值的均值为-0.001，意味着大多数中小板企业的现金持有量变动率在下降。传统普惠金融发展指数均值为 0.273，数字普惠金融发展指数均值为 0.545，由于两者都已经标准化分布在［0，1］，比较来看，就中小板企业面临的普惠金融发展生态而言，数字普惠金融逐渐成为普惠金融的主流。中小板企业的现金流均值为 0.052，标准差为 0.089，说明中小企业的现金流持有相对稳定。

表 5-7　所有变量的描述性统计

变量	样本数	均值	标准差	最小值	最大值
Dcash	6 536	-0.001	0.095	-0.310	0.611
TIF	5 786	0.273	0.174	0.000	1.000
DIF	6 185	0.545	0.230	0.000	1.000
CF	6 536	0.052	0.089	-0.283	0.446
Growth	6 536	0.197	0.437	-0.642	3.864
Size	6 536	21.855	0.955	19.462	25.684
Lev	6 536	0.393	0.192	0.031	0.940

变量	样本数	均值	标准差	最小值	最大值
TSt	6 536	0.110	0.108	0.000	0.507
CExp	6 536	0.060	0.053	0.000	0.284
Age	6 536	2.764	0.330	0.000	4.111

注：传统普惠金融发展指数（TIF）的样本周期为 2010—2018 年，数字普惠金融发展指数（DIF）的样本周期为 2011—2019 年，其他变量的样本周期为 2010—2019 年。

5.3 总样本回归结果分析

表 5-8 给出了普惠金融影响中小企业融资约束的实证结果。由于 Hausman 检验结果表明拒绝随机效应，本书采用面板固定效应模型，并采用稳定标准误进行系数显著性的检验。模型（1）和模型（2）报告了传统普惠金融指数对中小企业融资约束的影响；模型（3）和模型（4）给出了数字普惠金融指数对中小企业融资约束的影响。模型（1）至模型（4）中控制变量 CF 回归系数在 1% 的水平上显著大于零，表明中小企业当期现金—现金流敏感性显著为正值，说明中小企业存在显著的融资约束问题，这与沈红波等（2010）、王志锋和谭昕（2021）的研究结论相一致。

那么，普惠金融是否可以缓解中小企业的融资约束呢？首先考察核心解释变量传统普惠金融发展水平的影响，模型（1）和模型（2）中交互项系数分别为 -0.0672 和 -0.0211，都为负数，但是，这样的负向作用并不显著，都没有通过显著性水平，这说明传统普惠金融发展水平的提高并未能有效降低中小企业的现金—现金流的敏感性，未能促进中小企业融资约束的缓解。然后考察核心解释变量数字普惠金融发展水平的影响。交互项系数分别为 -0.1923 和 -0.1952，且在 5% 的显著水平上显著，说明数字普惠金融的发展能够缓解中小企业融资约束。对比模型（1）和模型（2）的交互项系数，可以发现数字普惠金融交互项系数的绝对值更大，这说明数字普惠金融对中小企业融资决策影响更大，更能缓解中小企业融资约束。借助于互联网、数字化与云计算等技术赋能，数字普惠金融能为中小企业提供更多的融资机会、更低的融资成本以及更便利的融资条件，从而降低企业外部融资约束。黄益平和黄卓（2018）研究认为，数字技术的创新性引入可以通过场景的融合和数据的处理，有效形成"低成本、高速度、广覆盖"的发展优势，从而降低金融服务门槛和服务成本，改善中小企业的融资环境。相比之下，一方面，传统普惠金融缓解中小企业融资约束的积极作用不能被过高估计；另一方面，因为传统普惠金融发展在实际业务操作上难以较为准确地提炼服务尾部客户的普惠性特质，在指标构成上就出现了一个潜在的问题，如传统普惠金融与传统服务主流客户的金融发展水平指标有较高相关性。从指标构成角度看，本书的研究结论与 Beck 等（2008）得出的金融发展有利于缓解中小企业融资约束的结论不同，与姚耀军和董钢锋（2015）等人的研究结论相一致。

其他变量 Growth、Size、TSt 所对应的回归系数都在1%的水平上显著为正，说明中小企业随着企业主营业务的改善（成长能力提升）、资产规模的扩大和短期负债的增加，将持有更多的现金流。CExp 回归系数在1%的水平上显著为负，表明中小企业资本性支出的增加会降低现金类资产的持有量。Lev 的系数为负值，说明随着杠杆率的抬升，中小企业减持现金或现金类资产，增加非现金投资，但只在传统普惠金融发展指数的回归方程中通过显著性水平检验。

表5-8 传统普惠金融影响中小企业融资约束的实证分析

变量	模型（1）	模型（2）	模型（3）	模型（4）
CF	0.3176***	0.3024***	0.3924***	0.3987***
	(5.96)	(5.98)	(6.76)	(7.15)
TIF	0.1795***	−0.0657		
	(5.41)	(−1.53)		
TIF×CF	−0.0672	−0.0211		
	(−0.37)	(−0.12)		
DIF			0.0466***	−0.0216**
			(6.73)	(−2.17)
DIF×CF			−0.1923**	−0.1954**
			(−2.17)	(−2.25)
Growth		0.0159***		0.0113***
		(3.95)		(2.93)
Size		0.0167***		0.0218***
		(5.76)		(6.26)

续表

变量	模型（1）	模型（2）	模型（3）	模型（4）
Lev		−0.0538***		−0.0244
		(−2.88)		(−1.46)
TSt		0.0943***		0.0793***
		(3.58)		(3.31)
CExp		−0.4310***		−0.4504***
		(−11.42)		(−13.26)
常数项	−0.0656***	−0.3281***	−0.0432***	−0.4590***
	(−7.30)	(−5.78)	(−11.10)	(−6.37)
N	5 786	5 786	6 185	6 185
ll	5 600	5 800	6 500	6 700
r2_a	0.0577	0.1026	0.0679	0.1145
r2	0.0582	0.1038	0.0684	0.1157
F	54.7214	38.9426	73.153	52.0764

注：回归采用固定效应方法，括号中给出的是估计参数的 t 值，*、** 和 *** 分别表示在 10%、5% 和 1% 的水平上显著。N 为样本容量，ll 为回归方程检验对应似然值，r2_a 为调整 R^2，r2 为 R^2，F 值为回归方程检验对应的 F 值。

数字普惠金融包括覆盖广度、使用深度以及数字支持服务程度三个维度，那么，数字普惠金融这三个维度对中小企业融资约束会产生怎样的影响，以及是否都对中小企业融资约束的缓解产生积极的意义？表 5-9 中模型（1）至模型（3）分别给出了数字普惠金融覆盖广度、数字普惠金融使用深度以及数字支持服务程度变量影响中小企业融资约束的回归结果。分析的重点是集中考察交乘项（DIF×CF）的系数。易知，三个维度对中小企业融资约束产生了显著的缓解作用，并且三个维度的作用大致相同。具体来看，数字普惠金融覆盖广度、使用深度以及数字支持服务程度对中小企业融资约束的缓解系数分别为−0.004，−0.005 和−0.004，系数显著性都在 5% 的显著水平上通过。换句话说，数字普惠金融随着覆盖范围拓宽、服务功能增强与数字化程度的提高，可以改善中小企业外部融资的金融环境、服务水平和融资成本，降低中小企业融资约束。

表 5-9　数字普惠金融三维度指标影响中小企业融资约束的实证结果

变量	模型（1）	模型（2）	模型（3）
	覆盖广度	使用深度	数字支持服务程度
CF	0.4090***	0.4126***	0.3857***
	(7.07)	(6.90)	(7.00)
DIF	0.00	-0.0001***	-0.0001*
	(0.44)	(-4.03)	(-1.96)
DIF×CF	-0.0004**	-0.0005**	-0.0004**
	(-2.44)	(-2.38)	(-1.97)
Growth	0.0134***	0.0102***	0.0115***
	(3.45)	(2.67)	(2.99)
Size	0.0154***	0.0256***	0.0208***
	(5.05)	(7.72)	(5.95)
Lev	-0.0297*	-0.0219	-0.0246
	(-1.81)	(-1.29)	(-1.47)
TSt	0.0828***	0.0786***	0.0794***
	(3.48)	(3.27)	(3.32)
CExp	-0.4211***	-0.4621***	-0.4456***
	(-12.41)	(-13.89)	(-13.18)
_cons	-0.3335***	-0.5313***	-0.4379***
	(-5.30)	(-7.75)	(-6.06)
N	6 185	6 185	6 185
ll	6 700	6 700	6 700
r2_a	0.1129	0.1182	0.1136
r2	0.1141	0.1194	0.1147
F	52.0819	53.4669	52.1537

注：回归采用固定效应方法，括号中给出的是估计参数的 t 值，*、** 和 *** 分别表示在 10%、5% 和 1% 的水平上显著。N、ll、r2_a、r2 和 F 含义与表 5-8 一样。模型（1）、模型（2）、模型（3）中 DIF 分别是指数字普惠金融覆盖广度指标、使用深度指标和数字服务支持程度指标。

5.4　考虑企业异质性的分析

本部分将从异质企业视角对普惠金融的融资约束缓解效应进行进一步探究，一方面挖掘更细致的研究结论，以深入认识普惠金融对中小企业融资的意义；另一方面可以检验上文结论的稳健性。

　　首先，考察企业规模差异。虽然中小板企业一般为中小企业，学术相关研究也常用中小板作为样本，但由于中小板企业在上市时就被要求年度净利润、年度现金流量净额和年度营收相对高的要求，能够上市的多数是中小企业的佼佼者。有的中小企业在上市后发展快速，逐渐形成较大规模，在融资市场能够获得更好的信用待遇。鉴于此，本书按照规模大小，将中小板企业分为规模高于均值与规模小于或等于均值两个样本，比较考察两者的差异。

　　表5-10中模型（1）和模型（2）给出了规模异质性下传统普惠金融影响中小企业融资约束的回归结果。可以看出，交互项（TIF×CF）的系数在较大规模中小板企业样本中在10%显著水平为0.2396，而在规模较小的中小板样本中却转为负值，虽然并不显著，但也能说明传统普惠金融发展对规模较小的中小板企业的积极意义，可缓解其融资约束。表5-10中模型（3）和模型（4）则是规模异质性下数字普惠金融影响中小企业融资约束的回归结果。交乘项系数在规模较大样本中为0.1167，但没有通过显著性检验，表明数字普惠金融对规模较大的中小板企业融资约束并没有显著的缓解作用。与之相反，规模较小的样本中交乘项系数为-0.3931，在1%的显著水平上显著，说明数字普惠金融发展指数的提升能显著地改善规模较小的中小板企业融资约束，促进中小企业发展。

表5-10　规模异质性下普惠金融影响中小企业融资约束的回归结果

变量	模型（1） 规模较大	模型（2） 规模较小	模型（3） 规模较大	模型（4） 规模较小
CF	0.1603 ***	0.4380 ***	0.1600 ***	0.5937 ***
	(3.61)	(8.04)	(3.19)	(10.15)
TIF	−0.0558	−0.1595 **		
	(−0.94)	(−2.25)		
TIF×CF	0.2396 *	−0.2448		
	(1.78)	(−1.42)		
DIF			−0.0707 ***	−0.0307 **
			(−5.27)	(−2.18)
DIF×CF			0.1167	−0.3931 ***
			(1.39)	(−3.55)
Growth	0.0155 ***	0.0151 **	0.0169 ***	0.0023
	(4.13)	(2.45)	(5.00)	(0.39)

续表

变量	模型（1） 规模较大	模型（2） 规模较小	模型（3） 规模较大	模型（4） 规模较小
Size	−0.0012 （−0.22）	0.0407 *** （5.21）	0.0200 *** （3.32）	0.0556 *** （7.00）
Lev	−0.0588 ** （−2.20）	−0.0903 *** （−3.00）	−0.0375 （−1.63）	−0.0402 （−1.52）
TSt	0.0119 （0.29）	0.1277 *** （2.72）	0.024 （0.68）	0.0928 ** （2.23）
CExp	−0.2941 *** （−5.75）	−0.5451 *** （−10.90）	−0.3120 *** （−6.70）	−0.6097 *** （−12.47）
常数项	0.081 （0.67）	−0.7978 *** （−5.10）	−0.3862 *** （−2.97）	−1.1554 *** （−7.04）
N	2 524	3 263	2 957	3 229
r2	0.0768	0.1181	0.0834	0.1542
F	20.5165	42.7013	26.9349	57.4572

注：回归采用固定效应方法，括号中给出的是估计参数的 t 值，$*$、$**$ 和 $***$ 分别表示在 10%、5% 和 1% 的水平上显著。N、r2 和 F 含义与表 5−8 一样。由于传统普惠金融发展指数与数字普惠金融发展指数的样本周期有所差异，样本容量 N 在表中各不相同。

其次，考虑企业产权差异。大量实证文献已经证明企业国有的特殊性会造成政策偏向与金融资源的扭曲配置。普惠金融的一个本意是实现公平化的金融资源配置与金融服务的共享，那么从中小企业融资约束的角度看，普惠金融的作用是否在市场化运行中得以贯彻执行。表 5−11 报告的是区分产权性质之后普惠金融影响中小企业融资约束的实证结果。模型（1）和模型（2）报告了基于传统普惠金融发展指数的回归结果。其中，交乘项（TIF×CF）在国有企业样本中在 1% 水平上显著为正，说明传统普惠金融发展指数的提高不仅不会缓解融资约束，反而加重了融资约束，一个潜在解释是普惠金融扭转了因国有产权特殊性带来的融资特权，促进了金融资源合理的配置。在私营企业样本中，交乘项系数转为负值，为−0.1386，遗憾的是，该系数并没有通过显著性检验，说明传统普惠金融在减少融资扭曲时对私营中小企业融资约束的改善也不明显。

模型（3）和模型（4）则是基于数字普惠金融发展指数的回归结果。交乘项（DIF×CF）系数在国营或国有控股企业样本中为−0.0227，没有通过显著性检验；在私营企业样本中则为-0.2148，通过了1%显著性水平上的检验。这一回归结果表明，数字普惠金融对私营企业中小企业的融资影响更深，它可以较大幅度地降低私营中小企业融资约束水平，深化了前文基于全样本的研究结论。

表5-11 产权异质性下普惠金融影响中小企业融资约束的回归结果

变量	模型（1）国有性质	模型（2）私营性质	模型（3）国有性质	模型（4）私营性质
CF	0.2316***	0.3355***	0.4116***	0.4127***
	(3.55)	(8.34)	(5.47)	(9.73)
TIF	−0.2141**	−0.0611		
	(−2.03)	(−1.22)		
TIF×CF	0.5760***	−0.1386		
	(2.78)	(−1.10)		
DIF			−0.0227	−0.0259**
			(−1.12)	(−2.54)
DIF×CF			−0.1804	−0.2148***
			(−1.28)	(−2.94)
Growth	0.0003	0.0185***	−0.0032	0.0141***
	(0.05)	(4.98)	(−0.49)	(4.18)
Size	0.0133*	0.0172***	0.0224***	0.0216***
	(1.72)	(4.64)	(2.59)	(5.77)
Lev	−0.0103	−0.0662***	−0.0082	−0.0286
	(−0.24)	(−3.16)	(−0.21)	(−1.58)
TSt	0.0499	0.0987***	0.0352	0.0796***
	(0.79)	(2.99)	(0.59)	(2.78)
CExp	−0.3544***	−0.4591***	−0.3392***	−0.4896***
	(−5.02)	(−11.66)	(−5.03)	(−13.03)
常数项	−0.2358	−0.3352***	−0.4788***	−0.4475***
	(−1.53)	(−4.58)	(−2.65)	(−5.80)
N	864	4 396	877	4 730
r2	0.149	0.1055	0.1341	0.1156
F	16.2671	55.151	14.5552	66.3336

注：回归采用固定效应方法，括号中给出的是估计参数的t值，*、**和***分别表示在10%、5%和1%的水平上显著。N、ll、r2和F含义与表5-8一样。国有性质指的是国营或国有控股企业，私营性质指的是私营企业。除此之外，还有中外合资企业、集体企业和其他企业，这里的分析并没有纳入这些类型的企业，因此，样本容量N各异且加总起来并不等于上文的总样本数。

最后，考察企业年龄差异。企业年龄由所处年份减去成立年份的对数测算，将数值高于均值的归类为"成熟"企业，将数值低于或等于均值归类为"年轻"企业。样本划分结果大致以企业成立10年为临界线。之所以考虑企业年龄的异质性，主要是由于企业也可以看作一个有机的生命体，其生存年限长短与企业生命周期状态保持较高的相关性。不同生命周期阶段的企业融资环境会有所差别，同时企业的现金流特征也会有明显的差异。表5-12中模型（1）和模型（2）给出了传统普惠金融影响"成熟"中小企业和"年轻"中小企业融资约束的回归结果。可以看出，交互项（TIF×CF）的系数正负值在"成熟"与"年轻"样本中出现转变，但没有通过显著性水平，这说明传统普惠金融发展对"成熟"中小企业和"年轻"中小企业融资约束的影响差异并不明显。表5-12中模型（3）和模型（4）呈现的是数字普惠金融的影响回归结果。交乘项（DIF×CF）系数在"成熟"中小企业样本中为-0.1024，没有通过显著性检验，表明数字普惠金融并不能缓解"成熟"中小企业的融资约束。与之相反，"年轻"中小企业样本中交乘项系数为-0.3200，且在1%的显著水平上显著，说明数字普惠金融指数能显著地且较大程度地改善"年轻"中小企业的融资约束。

表5-12　年龄异质性下普惠金融影响中小企业融资约束的回归结果

变量	模型（1）	模型（2）	模型（3）	模型（4）
	"成熟"企业	"年轻"企业	"成熟"企业	"年轻"企业
CF	0.3525***	0.2289***	0.3499***	0.4382***
	(-7.29)	(-4.24)	(-5.4)	(-8.54)
TIF	-0.0605	-0.1497*		
	(-1.05)	(-1.85)		
TIF×CF	-0.1593	0.2280		
	(-1.10)	(1.26)		
DIF			-0.0571***	-0.0118
			(-4.22)	(-0.74)
DIF×CF			-0.1024	-0.3200***
			(-1.00)	(-3.10)
Growth	0.0135***	0.0157***	0.0103***	0.0084*
	(3.08)	(2.96)	(2.69)	(1.67)
Size	0.0274***	0.0235***	0.0338***	0.0273***
	(5.71)	(3.83)	(6.98)	(4.46)

变量	模型（1）	模型（2）	模型（3）	模型（4）
	"成熟"企业	"年轻"企业	"成熟"企业	"年轻"企业
Lev	−0.0935 ***	−0.0562 *	−0.0596 ***	−0.031
	（−3.73）	（−1.71）	（−2.85）	（−1.05）
TSt	0.1198 ***	0.0877 *	0.1008 ***	0.1074 **
	（3.03）	（1.83）	（3.03）	（2.48）
CExp	−0.3926 ***	−0.5086 ***	−0.4360 ***	−0.5140 ***
	（−7.96）	（−9.90）	（−9.81）	（−10.11）
常数项	−0.5543 ***	−0.4464 ***	−0.6876 ***	−0.5800 ***
	（−5.69）	（−3.69）	（−6.84）	（−4.57）
N	3 171	2 616	3 752	2 434
r2	0.1052	0.1129	0.1033	0.1458
F	36.5153	32.44	43.3724	40.0856

注：回归采用固定效应方法，括号中给出的是估计参数的 t 值，*、** 和 *** 分别表示在 10%、5% 和 1% 的水平上显著。N、r2 和 F 含义与表 5-8 一样。

5.5　稳健性检验

5.5.1　分位数回归

根据反映中小企业现金流变动的分位图（见图 5-1），可以发现中小企业的现金流并非均衡分布，当处于 10% 或者 90% 分位数时，中小企业的现金流量的变化规律会有所调整，那么，这是否意味着 10% 和 90% 分位数下普惠金融发展对中小企业现金—现金流敏感性产生了不同的作用？要回答这一问题，有必要考察一下 10%、50% 和 90% 分位数下上文的实证结果是否发生变化。表 5-13 中模型（1）至模型（3）和模型（4）至模型（5）分别给出了传统普惠金融发展指数和数字普惠金融发展指数对中小企业融资约束产生影响的实证结果。根据系数检验对应的 P 值来看，传统普惠金融和数字普惠金融对中小企业融资约束的影响并不存在分位数的差异。无论是 10%，还是 50%，或是 90% 的分位样本回归结果都表明，传统普惠金融发展对中小企业融资约束没有缓解作用，而数字普惠金融发展会降低中小企业现金—现金流敏感度，与上文的结论相一致。另外，值得说明的是，分位数检验结果表明，在分析普惠金融的中小企业融资约束缓解作用时，采用稳定的线性关系进行分析也是合理的。

表5-13　普惠金融发展影响中小企业融资约束的分位数回归结果

变量	模型（1） 10%分位数	模型（2） 50%分位数	模型（3） 90%分位数	模型（4） 10%分位数	模型（5） 50%分位数	模型（6） 90%分位数
CF	0.3261***	0.2343***	0.1830***	0.3712***	0.3235***	0.2112***
	(8.84)	(9.24)	(3.56)	−9.14	(6.57)	(4.03)
TIF	0.0026	0.0027	0.0041			
	(0.24)	(0.46)	(0.36)			
TIF×CF	−0.0655	0.0131	0.0975			
	(−0.64)	(0.17)	(0.80)			
DIF				0.0264**	0.0236***	−0.0433***
				(2.44)	(5.27)	(−3.96)
DIF×CF				−0.1939**	−0.1462**	−0.0076
				(−2.03)	(−2.35)	(−0.06)
Growth	0.0026	0.0186***	0.0370***	0.0035	0.0177***	0.0345***
	(0.95)	(7.03)	(5.93)	(0.94)	(5.67)	(7.73)
Size	0.0079***	0.0046***	0.0058**	0.0087***	0.0027***	0.0064**
	(3.54)	(4.76)	(2.04)	(3.26)	(3.28)	(2.50)
Lev	0.1071***	0.0288***	−0.1031***	0.0970***	0.0218***	−0.0701***
	(6.02)	(4.46)	(−7.68)	(5.77)	(4.74)	(−3.94)
TSt	0.0632***	0.0327***	−0.0155	0.0549***	0.0256***	−0.0337**
	(2.73)	(3.52)	(−0.84)	(2.93)	(2.71)	(−2.10)
CExp	−0.4319***	−0.3008***	−0.1065***	−0.3993***	−0.2760***	−0.1916***
	(−11.57)	(−10.14)	(−2.77)	(−7.39)	(−22.30)	(−4.58)
_cons	−0.3003***	−0.1215***	0.0025	−0.3324***	−0.0902***	−0.0046
	(−6.41)	(−5.96)	(0.04)	(−6.34)	(−5.52)	(−0.09)
样本容量	5 786	5 786	5 786	6 185	6 185	6 185
P		0.8683			0.2498	

注：P为分位数回归中检验交互项系数是否相等所对应的P值，括号中给出的是估计参数的t值，*、**和***分别表示在10%、5%和1%的水平上显著。

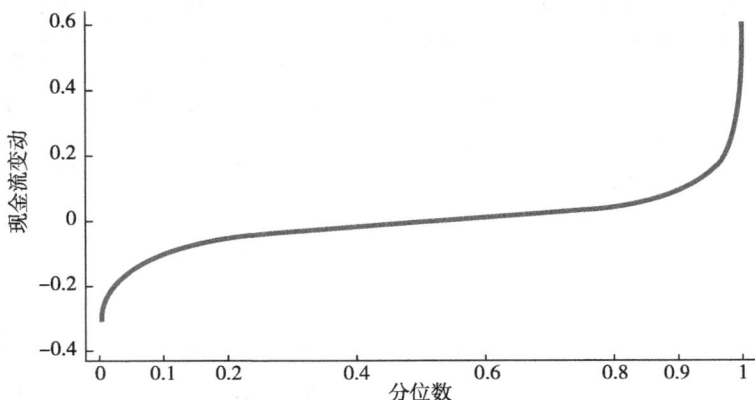

图 5-1 中小企业现金流变动的分位

5.5.2 多维固定效应估计

考虑到企业现金流不仅受上述因素的影响,而且还会受到行业景气程度、经济周期的影响。当经济周期处于繁荣期、行业处于景气阶段时,企业融资需求更容易得到满足,企业现金—现金流敏感度就会降低,但是当经济周期处于萧条期、行业处于低迷阶段时,企业融资渠道更易受限,现金—现金流敏感度就会增强。在这种情况下,上文普惠金融影响中小企业融资约束的结论是否稳健值得进一步说明。本书借鉴 Correia(2016),采用多维固定效应模型,通过控制年份、省份与行业等多维固定效应来减少经济周期和行业景气程度可能存在的影响。表 5-14 给出了控制年份、省份与行业后的多维固定效应结果。模型(1)中交乘项(TIF×CF)系数没有通过显著性检验,说明传统普惠金融难以有效缓解中小企业的融资约束。模型(2)至模型(4)展示了数字普惠金融发展指数、覆盖广度指数、使用深度指数与数字支持服务程度指数对中小企业融资约束施加影响的回归结果。交乘项(DIF×CF)系数都在 1% 的水平上显著。数字普惠金融发展指数与现金流的交乘项在 1% 水平上显著为 -0.1656,说明在纾解中小企业"融资难、融资贵"问题上,数字普惠金融发挥着重要的作用。数字普惠金融的分项指数与现金流的交乘项都显著为 -0.0004,与上文的结论基本一致。

表 5-14　普惠金融影响中小企业融资约束的多维固定效应回归结果

变量	模型（1）	模型（2）	模型（3）	模型（4）	模型（5）
CF	0.2521***	0.3562***	0.3929***	0.3585***	0.3417***
	(9.73)	(11.50)	(12.46)	(10.77)	(10.81)
TIF	−0.0028				
	(−0.30)				
TIF×CF	0.0313				
	(0.40)				
DIF		0.0221	0.0001	0.0001	0.0001
		(0.83)	(1.29)	(1.12)	(0.44)
DIF×CF		−0.1656***	−0.0004***	−0.0004***	−0.0004**
		(−3.06)	(−4.27)	(−2.89)	(−2.48)
Growth	0.0161***	0.0160***	0.0163***	0.0158***	0.0159***
	(5.61)	(6.20)	(6.34)	(6.14)	(6.18)
Size	0.0080***	0.0056***	0.0056***	0.0056***	0.0056***
	(4.72)	(3.88)	(3.86)	(3.89)	(3.85)
Lev	0.0019	0.0146*	0.0149*	0.0147*	0.0150*
	(0.19)	(1.66)	(1.68)	(1.66)	(1.70)
TSt	0.0652***	0.0540***	0.0542***	0.0535***	0.0536***
	(4.13)	(3.86)	(3.88)	(3.83)	(3.82)
CExp	−0.3023***	−0.2870***	−0.2855***	−0.2871***	−0.2877***
	(−12.22)	(−12.63)	(−12.56)	(−12.63)	(−12.65)
常数项	−0.1804***	−0.1498***	−0.1632***	−0.1494***	−0.1425***
	(−5.07)	(−4.40)	(−4.47)	(−4.61)	(−4.26)
N	5 787	6 186	6 186	6 186	6 186
r2	0.123	0.1301	0.1314	0.1299	0.1296
F	65.7417	79.4546	80.7492	79.3252	78.975

注：括号中给出的是估计参数的 t 值，*、**和***分别表示在 10%、5% 和 1% 的水平上显著。N、r2 和 F 含义与表 5-8 一样。

5.5.3　采用滞后项作为工具变量，进行差分 GMM 估计

较多学者（如连玉君等，2008）指出，企业现金流的增多有时意味着较好的投资表现，投资机会的变化在很大程度上可能反过来影响企业现金

持有行为，容易产生潜在的内生性问题，导致现金—现金流敏感性的相关估计产生偏差。本书进一步采用两阶段差分 GMM 回归分析，使用年份虚拟变量、省份面积、省份人口和企业年龄作为外生工具变量。表 5-15 给出了相应的回归结果，从自相关检验和 Hansen 检验来看，说明工具变量选取较为合理。表中模型（1）列示了传统普惠金融发展指数的影响回归结果。现金—现金流敏感度（CF 系数）为正，说明中小企业存在融资约束的问题。交乘项（TIF×CF）系数为-0.2538，但是没有通过显著性水平。表中模型（2）列示了数字普惠金融指数的影响。结果显示交乘项（DIF×CF）系数-0.3300 在 10% 水平上显著，说明中小企业存在的融资约束问题在数字普惠金融的推进中可以得到部分缓解。这与上文的结论基本一致。

表 5-15　普惠金融影响中小企业融资约束的差分 GMM 回归结果

变量	模型（1）	模型（2）
CF	0.3485***	0.4855***
	(3.64)	(4.86)
TIF	-0.1823	
	(-0.53)	
TIF×CF	-0.2538	
	(-0.78)	
DIF		-0.0961*
		(-1.69)
DIF×CF		-0.3300*
		(-1.68)
Growth	0.0345*	0.0079
	(1.72)	(0.36)
Size	0.0114	0.0544**
	(0.45)	(1.98)
Lev	-0.5511*	-0.7451**
	(-1.69)	(-2.35)
TSt	-0.1834	0.614
	(-0.25)	(1.21)
CExp	-1.7404***	-2.0601***
	(-4.35)	(-6.34)
N	4 891	4 540

变量	模型（1）	模型（2）
AR（1）	0	0
AR（2）	0.691	0.348
Hansen 检验	0.127	0.147

注：括号中给出的是估计参数的 t 值，*、** 和 *** 分别表示在 10%、5% 和 1% 的水平上显著。

5.5.4 使用小额贷款数据替代传统普惠金融发展指数

由于上文得出传统普惠金融并不能降低中小企业融资约束，可能潜在的原因是指数构成中纳入了较多难以区别于金融发展的普惠变量。为减少这一问题，选择小额贷款公司贷款余额占各项贷款的比值作为传统普惠金融的替代变量，研究结果同样支持上文的结论。

5.6　本章小结与启示

中小企业是国民经济建设的重要力量，也是最为活跃的经济增长点，但其发展受制于融资约束问题。普惠金融作为传统金融体系的反思与补充，为改善中小企业融资环境提供了新机遇。本书将普惠金融细分为传统普惠金融与数字普惠金融，基于 2011—2019 年中国中小板上市公司面板数据，运用固定效应回归、分位数回归以及分样本检验，检验了普惠金融对中小企业融资约束的缓解效应。研究结论有以下三点。

第一，在中小企业融资约束的缓解问题上，并不是所有的普惠金融实践都能达到设计的初衷。传统普惠金融并不能有效缓解中小企业的融资约束，相反地，数字普惠金融却能对中小企业融资产生积极的作用。第二，数字普惠金融在覆盖广度、使用深度与数字支持服务三个维度上都能改善中小企业融资约束问题，并且三者发挥的作用较为均衡。第三，数字普惠金融对中小企业融资约束的缓解作用具有"结构性"特征：对小规模、私营性质、较为"年轻"的中小企业的积极作用更大，更能缓解它们的融资约束。

基于以上研究，本章提出如下三方面的政策启示。

首先，大力推进数字普惠金融发展。利用数字化技术，延伸传统普惠金融。数字普惠金融的发展更加强调服务方式的便捷性与服务内容的包容性，更有利于普惠金融的"落地生根"。在促进中小企业融资方面，数字普惠金融一方面可有效发挥大数据、云计算、人工智能、区块链等方面的技术优势，创新金融工具以满足中小企业多元化金融需求；另一方面可推动中小企业融入数字转型浪潮中，促进中小微企业更快适应数字化。数字普惠金融在发挥积极作用的同时，也带来了新的问题，如监管问题、隐私安全问题等。为促进数字普惠金融的可持续发展，一方面需要规范普惠金融监管标准，减少监管套利；另一方面健全数字经济的相关法规与数字普惠金融信息安全的合约规定，以减少信息风险积聚在数字普惠金融服务链条中。

其次，构建有效的普惠金融体系。实证结果表明，传统普惠金融发展指数对中小企业融资约束的影响并不如预期所想，其中一个潜在原因就是传统普惠金融的普惠有效性较弱。普惠金融区别于传统金融服务和财政转移支付，要在保本前提下满足符合中小微企业低成本、高便利性的金融需求，其相应的实施空间是相对狭窄的，换言之，普惠金融的可执行性的要求很高。实际上，有的普惠金融做法只是沿袭了传统借贷方法，导致资金不能精准流向普惠群体，政策效果并不尽如人意。要摆脱这样的困境，需要进一步调整已有金融制度，提高金融机构风险管理技术，分层分板推进金融市场服务，完善相关信用框架与法律体系。

最后，提高中小企业融资需求管理。中小企业融资难问题不仅需要从供给端解决，还需要从需求端加强管理，加强自有资金的内生补充，降低对外部资金的依赖。除了企业产能的合理建设和发展规模的适度扩张外，增加企业自筹资金的关键是增加企业的留存收益。如能改善针对中小企业的税收优惠、财政补贴政策，优化中小企业的营商环境，中小企业的留存收益就会增加，也会缓解中小企业融资约束问题。

6 普惠金融与中小企业盈利能力

6.1 引言

长期以来，中小企业在我国经济发展中所作出的重要贡献早已为各界人士所共识。然而，中小企业发展过程中面临着高出生率、低存活率、高死亡率的成长困境。在众多决定企业成长的因素中，融资问题备受关注。从金融周期理论来看，企业从创立期到成长期再到成熟期，内源性融资的比重会逐渐降低，外源性融资会逐级增加。这就意味着，随着企业规模的扩张、业务范围的扩大、技术创新的增多以及经营活动半径的延伸，吸纳越来越多的外部资金就成为中小企业成长的必修课。遗憾的是，在金融市场上，中小企业融资并非一帆风顺。在我国的制度安排下，中小企业的外源性资金来源主要是商业银行为主的金融中介，但由于信息不对称问题，金融机构（商业银行）往往会"理性"地降低相关融资安排。早在2003年，王霄和张捷将抵押品和企业规模加入信贷模型中分析发现，信贷配给中会存在"规模配给"，当资产规模小于或等于银行要求的临界抵押品价值时，中小企业无法得到合理的信贷供给。

融资市场中存在的排斥对中小企业的经营产生直接影响，进而会降低中小企业成长性。普惠金融旨在降低金融市场中的各类排斥，促进尾部客户的生存与发展，那么，普惠金融能否有效地促进中小企业的成长？综观现有文献，多数集中于描述性分析，鲜有利用理论模型进行刻画，也鲜有利用微观数据进行实证分析。本章内容是对这个问题的一个思考。首先，构建银企信贷决策模型，利用中小企业的最优投融资行为分析，从理论上说明普惠金融在完美信息条件与不完美信息条件下对中小企业产生的影响。其次，利用微观调查数据，采用多项选择估计模型，重点分析普惠金融发展对中小微企业盈利概率和亏损概率的影响，分析中比较了传统普惠金融指数与数字普惠金融指数的不同作用。最后，利用高新技术中小微企业的微观调查数据，进一步拓展了普惠金融的相关研究。

已有研究主要在如下三个方面对本书有重要的启发：一是普惠金融指数设计与经济效应（Kapoor，2013；焦瑾璞等，2015；张勋等，2019；贝多广，2020；郭峰等，2020）。例如，张勋等（2019）构建了数字普惠金融指数，并以此分析了普惠金融对包容性增长的积极意义。二是金融发展与中小企业融资困境的分析（林毅夫和李永军；2001；Levine，2005；李建军和马思超，2017，盛天翔和范从来，2020）。例如，盛天翔和范从来（2020）研究发现，金融科技的应用会通过提升银行业竞争程度来促进小微企业信贷的供给，这为本章银企模型的构建提供了一个实证支撑。三是借助不对称信息理论研究企业成长问题，讨论融资约束对企业成长的影响（李科和徐龙炳，2011；Brown 等，2012；胡恒强、范从来和杜晴，2020）。企业成长是多维度的，胡恒强、范从来和杜晴（2020）从企业创新角度看，利用中国非金融类 A 股上市公司数据探讨了融资结构、融资约束对企业创新的影响。由于中小微企业的成长首先是生存问题，本书从盈利概率角度来分析普惠金融的作用。

6.2 一个银企借贷的理论模型

假设有两类市场主体，中小企业与金融机构，它们对自身采取的行为决策所获得的收益具有准确的认识。本模型将分析完美市场与不完美市场假设下中小企业的贷款决策，并探讨普惠金融的作用，继而剖析普惠金融对中小企业盈利的影响。

6.2.1 中小企业

假定中小企业作为独立经济主体，满足风险中性的理性人假设，偏好采用冯诺依曼—摩根斯坦效用函数。企业有一拟投资的项目 I，需要资金。为简化设定，企业并不考虑内源性融资，最优融资策略是进行债务融资，即在信贷市场上向金融机构借贷。项目投资收益依赖于该企业获得的外源性资金 L 和出现的状态。假设出现好的状态概率为 p，相对应产出为 Y_1 (L)；出现差的状态概率为 $(1-p)$，相对应的产出为 Y_2 (L)，其中 $p \in$ $(0，1)$。为简化求解过程，不妨假设，两种状态产出与企业资金规模 L 呈简单的线性关系，即 $Y_1(L) = a_1L + b_1$ 和 $Y_2(L) = a_2L + b_2$，其中 a_1，$a_2 > 0$，并且 $a_1 > a_2$，$b_1 > b_2$。

在信贷市场上，企业进行借贷还面临额外的成本 $\frac{1}{2} \times E(S) \times p(1-p)$ $[Y_1(L) - Y_2(L)]^2$。其中，$p(1-p)[Y_1(L) - Y_2(L)]^2$ 表征中小企业项目风险程度。当中小企业项目的风险增大，企业面临的额外成本增加。同时，额外成本还依赖市场交易成本 E，而 E 的大小与金融市场机制 S 相关。当借贷市场排斥问题越少，金融市场机制越有利于中小企业公平合理地获得借贷资金。不妨将 S 理解为普惠金融发展程度。普惠金融通过构建便利的金融服务基础设施、供给更具个性化的金融服务，改善中小企业获得外源性资金的金融可及性。当 S 值变大时，市场交易成本 E 也会下降，即 $\frac{\partial E(S)}{\partial S} < 0$。

6.2.2 金融机构

金融机构向中小企业提供信贷服务，1 单位资金对应的借贷成本为 C，贷款利率为 R。与中小企业一样，金融机构也满足理性人条件，其行为目标是在竞争性市场上通过借贷决策来最优化其收益。当中小企业申请贷款后，金融机构与中小企业之间就会形成一个动态博弈过程。金融机构需要根据中小企业在市场中释放的信息与行为选择决定是否为其放贷。动态发展过程如下：首先，金融机构在接到中小企业的贷款申请后开始评估贷款项目的获利情况，给出贷款方案。其次，中小企业在给定的贷款方案下决定最优贷款规模。最后，中小企业投资生产，按照贷款合约归还本息给金融机构。如果企业能够按时还款，金融机构和中小企业获得整体利益最大化。如果中小企业选择违约，金融机构将采取诉讼追债，或根据实际情况进行不良贷款的核销。

第一，考察完美信息市场条件下中小企业最优行为如何受普惠金融的影响。由于市场是完美的，理性的中小企业知道违约会受到金融机构的追责，总会选择按时还款，否则将在下一轮遭受金融机构的融资惩罚，甚至无法从金融机构获得资金。那么，此时最优化行为可以简化为一个社会计划者根据中小企业和金融机构的经营状况与支付矩阵信息，实现整体利益最大化。社会计划者的最优行为可以表示为

$$\text{Max}_L \, pY_1(L) + (1-p)Y_2(L) - \frac{1}{2} \times E(S) \times p(1-p)[Y_1(L) - Y_2(L)]^2 - C$$

$$(6-1)$$

最大化金融机构和中小企业的整体收益，对中小企业的贷款规模 L 求解一阶导数。结果为

$$L^* = \frac{a_1 p + a_2(1-p)}{(a_1 - a_2) \times E(S) \times p(1-p)} - \frac{(b_1 - b_2)}{(a_1 - a_2)} \qquad (6-2)$$

此时，中小企业最优贷款规模与普惠金融发展程度之间的关系如式（6-3）所示：

$$\frac{\partial L^*}{\partial S} = -\frac{a_1 p + a_2(1-p)}{(a_1 - a_2)^2 \times p(1-p) \times E^2(S)} \frac{\partial E(S)}{\partial S} \qquad (6-3)$$

根据上文参数的设定条件与 $\frac{\partial E(S)}{\partial S} < 0$，容易得出 $\frac{\partial L^*}{\partial S} > 0$。

中小企业投资项目 I 的预期收益 $E(Y)$ 满足：

$$E(Y) = \frac{a_1 a_2 + a_1^2 p + a_2^2(1-p) + 2p(1-p)E(S)(a_1 - a_2)(a_1 b_2 - a_2 b_1)}{(a_1 - a_2)^2 E(S)(1-p)p} \qquad (6-4)$$

中小企业的预期产出如何随普惠金融发展程度 S 的变化而变化，可以考察偏导关系式（6-5）：

$$\frac{\partial E(Y)}{\partial S} = -\frac{((a_1 + a_2)(a_1 p + a_2(1-p)))}{(a_1 - a_2)^2 E(S)^2(1-p)p} \frac{\partial E(S)}{\partial S} \qquad (6-5)$$

式（6-5）中偏导数显然大于零，意味着随着普惠金融的发展，中小企业的贷款额度将增加，预期产出会上升。在最优状态时，商业银行利润将实现最大化，贷款利率满足式（6-6）：

$$R^* = \frac{A_1 + A_2 p + A_3 p^2}{2(p a_1 + (1-p)a_2 - (1-p)p(a_1 - a_2)(b_1 - b_2)E(S))} \qquad (6-6)$$

其中，

$A_1 = 2a_1 a_2 + a_2^2$；

$A_2 = 2a_1(a_1 - a_2) + 4E(S)(a_1 - a_2)(a_1 b_2 - a_2 b_1)$；

$A_3 = -(a_1 - a_2)^2 - 4E(S)(a_1 - a_2)(a_1 b_2 - a_2 b_1)$。

普惠金融发展对贷款利率会产生怎样的影响？图 6-1 模拟了在不同的参数取值情况下，$\frac{\partial R}{\partial E}$ 如何随着状态概率 p 的变化而变化。考察图 6-1 中的左图可知，$\frac{\partial R}{\partial E} > 0$，由于 $\frac{\partial E(S)}{\partial S} < 0$，则意味普惠金融的发展会降低贷款利率。右图则相反，主要是由于参数 b_2 由 -0.1 下降到了 -1。b_2 的变动意味着

中小企业投资项目风险的改变。当企业投资风险增大时，普惠金融的发展会提高贷款利率。当企业投资风险降低时，普惠金融的发展有助于降低贷款利率。当改变参数 a_1 取值，将好状态情况下贷款资金的边际产出由 1.5 提高到 2.5，可以考察图 6-1 中第一行组图与第二行组图的区别，易于发现，当贷款资金边际产出值增加时，普惠金融的发展对贷款利率的作用也更大，表现在相同概率下 $\dfrac{\partial R}{\partial E}$ 绝对值更大。另外，状态概率 p 对偏导数 $\dfrac{\partial R}{\partial E}$ 的影响并非线性的，当好的状态与坏的状态发生的概率较为接近时，普惠金融的发展对贷款利率的影响是较大的。

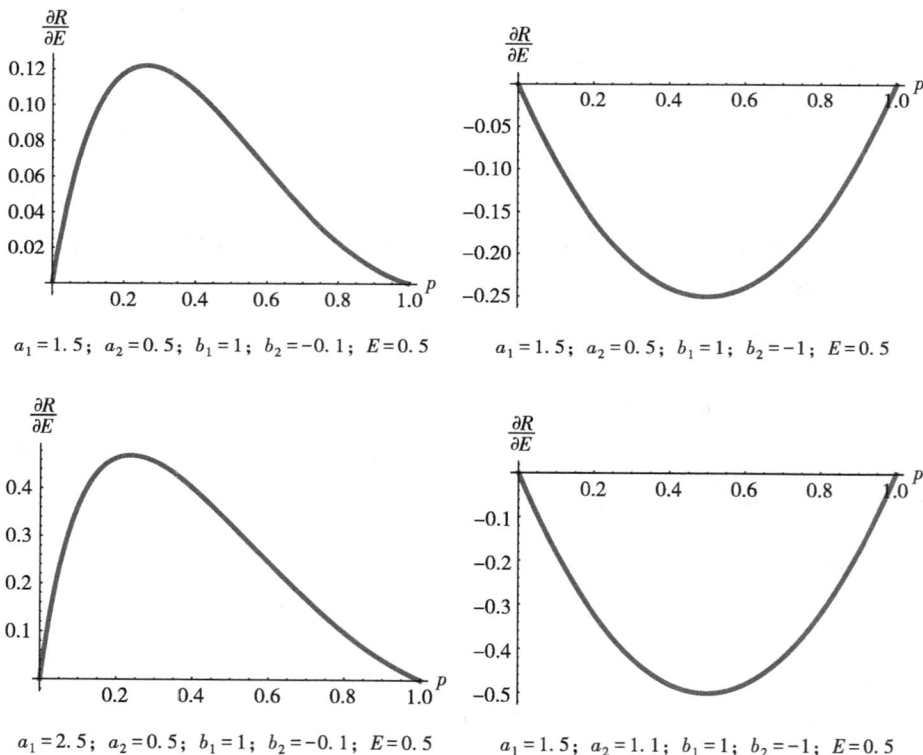

$a_1 = 1.5$；$a_2 = 0.5$；$b_1 = 1$；$b_2 = -0.1$；$E = 0.5$

$a_1 = 1.5$；$a_2 = 0.5$；$b_1 = 1$；$b_2 = -1$；$E = 0.5$

$a_1 = 2.5$；$a_2 = 0.5$；$b_1 = 1$；$b_2 = -0.1$；$E = 0.5$

$a_1 = 1.5$；$a_2 = 1.1$；$b_1 = 1$；$b_2 = -1$；$E = 0.5$

图 6-1　特定参数取值下 $\dfrac{\partial R}{\partial E}$ 的模拟图

据此，本章得出理论结论 1：在完美市场中，普惠金融会促进中小企业贷款，提升投资收益，同时对贷款利率的影响是非线性的。

第二，考察不完美信息条件下普惠金融发展如何影响中小企业的成长。在不完美信息的条件下，中小企业具有自身经营状况、企业努力程度的内部信息优势，相对而言，金融机构处于信息劣势。将完美信息条件放松为不完美情况，更符合现实，信贷市场和信用体系发展不健全，都会带来中小企业与金融机构间的信息不对称。为简化分析，这里假设如果企业处于差的状态时就会发生违约，金融机构由于缺乏关键经营状况信息，只能遭受违约损失，无法收回贷款本金。求解过程采用逆推法。首先，中小企业在给定贷款利率水平下最优化净利润，决定最优的贷款规模：

$$\text{Max}_L\, p\,[Y_1(L) - RL] + (1 - p)Y_2(L) - \frac{1}{2} \times E(S) \times p(1 - p)[Y_1(L) - Y_2(L)]^2$$

不难得出

$$L^* = \frac{a_1 p + a_2(1 - p) - Rp}{(a_1 - a_2)^2 \times E(S) \times p(1 - p)} - \frac{(b_1 - b_2)}{(a_1 - a_2)} \tag{6-7}$$

此时中小企业投资项目 I 的预期产出 $E(Y)$ 为

$$E(Y) = \frac{a_1 a_2 + a_1^2 p + a_2^2(1 - p) + 2p(1 - p)E(S)(a_1 - a_2)(a_1 b_2 - a_2 b_1) - (a_1 + a_2)C}{(a_1 - a_2)^2 E(S)(1 - p)p}$$

$$\tag{6-8}$$

在信息不对称的情况下，中小企业贷款规模相对于信息对称情况下的额度出现了下降，预期收益也降低了，但是普惠金融的发展仍能促进中小企业成长。其次，金融机构确定最优的贷款利率，使得长期利润为零，即 $pR - C = 0$。此时，中小企业最优贷款额度与普惠金融发展程度之间的关系如式（6-9）所示。

$$\frac{\partial L^*}{\partial S} = -\frac{a_1 p + a_2(1 - p) - C}{(a_1 - a_2)^2 \times p(1 - p) \times E^2(S)} \frac{\partial E(S)}{\partial S} \tag{6-9}$$

由于式（6-9）中 $\dfrac{\partial E(S)}{\partial S} < 0$、$(a_1 - a_2)^2 > 0$、$E^2(S) > 0$ 和 $0 < p < 1$，所以 $\dfrac{\partial L^*}{\partial S}$ 的正负值与 $a_1 p + a_2(1 - p) - C$ 的正负相关。当 $a_1 p + a_2(1 - p) > C$ 时，$\dfrac{\partial L^*}{\partial S}$ 为正值。这意味着，当中小企业的边际贷款收益高于银行的贷款成本时，普惠金融将促进中小企业贷款规模的扩大，从而促进中小企业项目预期收益的增加。当 $a_1 p + a_2(1 - p) < C$ 时，中小企业的边际贷款收益低于银行的贷款成本，此时，中小企业的最优贷款规模将随着普惠金融发展而下降。

与上文计算思路一样，中小企业投资项目的预期产出 $E(Y)$ 满足下式。

$$E(Y) = \frac{a_1 a_2 + a_1 p(a_1 - 2b_1 E(S)(1-p)) + a_2(1-p)(a_2 - 2b_1 E(S)p) - (a_1 + a_2)C}{(a_1 - a_2)E(S)(1-p)p}$$

中小企业投资项目收益与普惠金融之间的偏导关系如式（6-10）所示。

$$\frac{\partial E(Y)}{\partial S} = -\frac{(a_1 + a_2)(a_1 p + a_2(1-p) - C)}{(a_1 - a_2)^2 \times p(1-p) \times E^2(S)} \frac{\partial E(S)}{\partial S} \qquad (6\text{-}10)$$

与中小企业最优贷款额度一样，普惠金融在 $a_1 p + a_2(1-p) > C$ 的条件下，能促进中小企业项目收益增加，在 $a_1 p + a_2(1-p) < C$ 的条件下，中小企业项目收益并不随普惠金融的发展而得到改善。中小企业最优融资规模与投资项目收益的关系为理解普惠金融—银行—中小企业可持续共生的条件提供了很好的解释。普惠金融发展目标之一是降低金融排斥，提高金融服务中小企业的能力，但这并不是放弃金融市场的纪律来发展普惠金融，也并不意味普惠金融是万能的。只有中小企业的发展能够与市场效率相统一，普惠金融的发展对中小企业成长才具有价值。同时，普惠金融的可持续性也需要植根于市场规律，扶持低资金利用率的中小企业并不符合优化行为。由于中小企业是创新主力军（张军，2017），贷款的边际生产效率往往较高，一般情况下高于边际成本，可以预期中国的普惠金融发展会促进中小企业成长。

据此，本书提出理论结论2：在不完美信息条件假设下，只有当中小企业的边际贷款收益高于银行的贷款成本时，普惠金融的发展才会促进贷款规模的扩大，促进中小企业投资收益的增加。

6.3 研究设计与变量选择

6.3.1 样本选取

为进一步扩展中小企业样本的丰富性，本章研究采用西南财经大学中国家庭金融调查与研究中心开展的2015年小微企业问卷调查作为样本来源。该样本具有一定的代表性，覆盖全国28个省、市、自治区的企业，是国内较好的中小微企业调查。由于调查问卷起止时期为2015年7—11月，调查企业填报的财务指标主要基于2014年情况填报，本书将考察年份确定为2014年。普惠金融的样本数据来源于Wind数据库、国泰安数据库、各省金融运行报告以及年度金融年鉴，其中，传统普惠金融指数和数字普惠金融指数对应的研究区间主要为2014年。基于西南财经大学中国家庭金融调查与研究中心 5 497 家企业样本,本研究结合上述变量,剔除无效回答样本,删除企业目前资产总额小于零、企业成立时间不到两年和员工人数为零的企业,最终得到 3 118 家小微企业截面数据。

6.3.2 变量说明

6.3.2.1 被解释变量

企业盈利指标(EBP)。新制度学派则认为企业组织的成长既可体现为经营规模的增加,也可表现为企业功能的增强。发展至今,实证研究多从经营状况指标或企业资产规模的变化情况来考察企业盈利能力。其中,经营状况指标相对于其他总量指标,更能直接说明企业成长的持续性。调查问卷中恰有关于企业 2014 年经营状况的数据,备择选项是盈利、亏损与持平,本章使用这一指标作为企业盈利能力的度量,在分析中将持平样本作为参照组。

6.3.2.2 解释变量

普惠金融发展是本书关注的核心解释变量。本章使用第 5 章构建的传统普惠金融指数(TIF)与北京大学数字普惠金融中心课题组编制的数字普惠金融指数(DIF),以刻画中国普惠金融的变迁。传统普惠金融指数和数字普惠金融指数都是 2014 年的截面数据。

为了提炼普惠金融对中小企业盈利的作用,本书参考已有文献,尽量控制影响中小企业盈利的其他相关因素。实证中控制如下变量:企业规模、人力资本、企业年龄、所有制因素、资本结构。

企业规模(Size)自吉布莱特定律提出后,被认为是企业成长的重要影响因素之一。不同规模的企业在行为决策、自有资金供给能力、产业链议价能力、信息透明度等方面都存在差异。例如,由于规模经济的存在,规模较大企业在产业链上更具议价优势,同时也更容易获得商业信用来支持其发展。同时由于规模的扩大,会降低企业成长速度。大量研究表明(周黎安和罗凯,2004;Niskanen 和 Niskanen,2007;王文甫等,2014),企业规模的扩张对企业的盈利具有显著的影响。本书采用企业目前的资产总额的对数来衡量。

人力资本(Labor)是推动企业绩效增长的最有价值的生产要素之一。舒尔茨和贝克尔在 20 世纪 50 年代引入人力资本以解释经济增长之谜,并得到后续大量文献的证实。新增长理论的微观研究也表明,人力资本的有机构成会对企业成长产生显著的正向作用。本书采用正式职工数量来衡量。

企业年龄（Age）对企业成长的影响刻画主要是基于生命周期理论。当企业处于生命周期的不同阶段时，企业的市场竞争特性、成长速度都会有所差异。本章用2014年减去企业实际经营开始年份加一后的和求对数值来测度企业年龄。

所有制因素（Wnr）会影响企业成长，以信贷市场为例，银行对企业的甄别成本和信贷合同支付函数会因为所有权的不同而有所差别（欧阳凌和欧阳令南，2004）。相对于国有企业，私营中小企业在信贷市场很多时候会面临更多的融资摩擦。小微企业问卷调查关于企业的所有制特征有国有/国有控股、集体/集体控股、私营/私人（不含外资）、外商独资、港澳台独资、中外合资和其他7种类型。本书参考安同良等（2006），设置三个虚拟变量，分别为国有集体控股（Wnr1）、私营/私人（不含外资）（Wnr2）、外资或港澳台资参与（Wnr3）。

资本结构（Cap）在完美市场中并不会对企业最优生产决策产生影响，这是经典MM理论的结论，但这一结论被越来越多的研究成果所拓展。在不完美的金融市场中，企业财务杠杆对企业绩效会产生显著影响，如王昌荣等（2016）、葛永波等（2019）的研究。本书使用企业注册资本的对数（Cap1）和是否增加注册资本金（Cap2）来表征企业的资本结构状况。

6.3.3 描述性统计

主要变量描述性统计如表6-1所示。实证样本中3 118家企业的经营情况指标均值为1.79，盈利的有1 598家，亏损的有582家。2014年数字普惠金融指数均值为0.4，传统普惠金融指数为0.29，相较而言，数字普惠金融发展水平更高。在3 118家企业中，私营企业2 882家，占比为92%，平均企业年龄为8年，正式职工均数为48人。

表6-1 变量说明及其描述性统计特征

变量符号	变量含义	样本数	均值	标准差
EBP	企业经营情况：盈利为1，亏损为2，持平为3	3 118	1.79	0.88
TIF	传统普惠金融指数	3 118	0.29	0.20
DIF	数字普惠金融指数	3 118	0.40	0.07
Size	企业总资产的对数	3 118	14.62	2.21
labor	ln（1+企业正式职工数量）	3 118	2.96	1.22
Age	ln（2014-企业实际经营开始年份+1）	3 118	1.91	0.73

变量符号	变量含义	样本数	均值	标准差
Cap2	增加注册资本金：是为1，否为0	3 118	0.23	0.42
Wnr1	国有或集体企业为1，其他为0	3 118	0.05	0.22
Wnr2	私营企业为1，其他为0	3 118	0.92	0.26
Wnr3	外资或港澳台资金参与为1，其他为0	3 118	0.02	0.14
Width	数字普惠金融覆盖广度	3 118	136.86	30.50
Depth	数字普惠金融使用深度	3 118	200.38	45.21
Dgtl	数字服务支持程度	3 118	234.98	9.85

6.4 多值选择模型及结果分析

6.4.1 模型设定

鉴于被解释变量的多值选择特征，本书将采用 Multinomial Logit 模型（简称 MLogit 模型），以考察普惠金融的发展是否会降低企业亏损概率，是否会增加企业盈利概率。MLogit 模型可以在同一模型中考察企业 3 种及以上的经营状态的影响因素，相较于传统的二值选择模型（如 Probit 模型或 Logit 模型）更为便利准确。本章将企业成长的预测概率模型设计如下：

$$\Pr(EBP_i = j \mid x_k) = \frac{\exp(x'_{ik}\beta_j)}{\sum_{m=1}^{3} \exp(x'_{i_k}\beta_m)} \tag{6-11}$$

其中，i 为第 i 家企业。j 为 {1，2，3}，是 j 的集合，对应的企业经营状态分别为盈利、亏损和持平，显然，持平、亏损与盈利的选择概率之和等于 1。将企业经营状况为持平时的样本作为参照组，此时，$j = 3$，企业经营结果选择的对数胜算比为零，即 $\beta_3 = 0$。为降低传统普惠金融指数与数字普惠金融指数相关性造成的伪回归问题，在分析中将两者分开，设定 $k = 1$，2。x_1 和 x_2 设定为如下向量：

$x_1 = (\text{TIF}, size, labor, age, age2, cap2, wnr1, wnr2, wnr3)$；
$x_2 = (\text{DIF}, size, labor, age, age2, cap2, wnr1, wnr2, wnr3)$。

6.4.2 回归结果分析

表 6-2 报告了回归结果。首先，考察传统普惠金融引致的中小微企业

异质性成长情形，如表6-2中模型（1）和模型（2）所示。模型（1）中传统普惠金融指数的回归系数为0.4593，在5%水平上显著，表明传统普惠金融的发展能促进中小微企业经营状况的改善。同时传统普惠金融指数提高0.1个单位将会使中小微企业盈利（相对于持平）概率提高5.8%左右。模型（2）中传统普惠金融指数的回归系数为-0.3132，表示其可能会降低中小微企业亏损（相对于持平）的概率，但是没有通过显著性检验。其次，考察数字普惠金融因素引致的中小微企业盈利差异，如表6-2中模型（3）和模型（4）所示。模型（3）中数字普惠金融指数的回归系数在10%水平上显著为1.1388，这意味着数字普惠金融指数提升0.1个单位将会使中小微企业盈利（相对持平）概率提升22.2%左右。模型（4）中数字普惠金融指数的回归系数为-1.4280，通过10%的显著水平，说明数字普惠金融指数提升0.1个单位将降低中小微企业亏损概率0.07%左右。

考察其他控制变量，可以发现企业的规模扩大既会增加中小微企业盈利（相对持平）概率，也会增加亏损概率，比较而言，对盈利的作用程度更大。人力资本提升不仅能增强中小微企业的盈利（相对持平）概率，还能降低其亏损（相对持平）概率。企业年龄的增长能降低亏损概率，同时会降低盈利概率。中小微企业的初始注册资本金的多寡对盈利或者亏损影响并不明显，但若有增加注资，中小微企业的盈利概率会提升。国有或私营的所有权因素对盈利概率和亏损概率并不显著。

表6-2　普惠金融与中小微企业成长回归结果

变量	模型（1）	模型（2）	模型（3）	模型（4）
	盈利	亏损	盈利	亏损
TIF	0.4593**	-0.3132		
	(2.19)	(-1.13)		
DIF			1.1388*	-1.4280*
			(1.95)	(-1.88)
Size	0.1072***	0.0528*	0.1066***	0.0523*
	(4.35)	(1.66)	(4.32)	(1.65)
labor	0.1126***	-0.1902***	0.1070**	-0.1869***
	(2.68)	(-3.38)	(2.56)	(-3.33)
Age	-0.1762***	-0.1534**	-0.1775***	-0.1403*
	(-2.97)	(-2.03)	(-2.97)	(-1.85)

续表

变量	模型（1）	模型（2）	模型（3）	模型（4）
	盈利	亏损	盈利	亏损
Cap1	-0.0479	0.0658*	-0.0456	0.0642
	(-1.59)	(1.66)	(-1.51)	(1.62)
Cap2	0.2280**	-0.0913	0.2239**	-0.0926
	(2.23)	(-0.67)	(2.19)	(-0.68)
Wnr1	0.4053	0.9695	0.415	0.9631
	(0.84)	(1.37)	(0.86)	(1.36)
Wnr2	0.2059	0.5142	0.2042	0.5156
	(0.47)	(0.76)	(0.46)	(0.77)
Wnr3	0.7767	1.7167**	0.7774	1.7518**
	(1.34)	(2.18)	(1.34)	(2.22)
_cons	-0.7847	-1.5996*	-1.7582**	-1.2944
	(-1.35)	(-1.82)	(-2.10)	(-1.47)
样本数	3 118		3 118	
准 R^2	0.191		0.200	
P 值	0.000		0.000	

注：回归采用 Mlogit 方法，括号中给出的是估计参数的 t 值，*、**和***分别表示在10%、5%和1%的水平上显著。P 值为模型检验对应的 P 值，拒绝原假设表示方程通过显著性检验。

鉴于数字普惠金融指数由数字普惠金融覆盖广度（Width）、使用深度（Depth）和数字服务支持程度（Dgtl）综合而成，本书分别将这 3 个指标作为核心解释变量，以考察三者对中小微企业盈利的差异化影响，回归结果如表 6-3 所示。首先观察数字普惠金融覆盖广度的影响，如表 6-3 中模型（1）至模型（2）所示。模型（1）中表明数字普惠金融覆盖广度（Width）的系数可以在 5% 的显著水平改善企业经营状况，经测算，当数字普惠金融覆盖广度指数提高 100 个单位时，中小微企业盈利（相对持平而言）概率将会提升 29.7%；模型（2）显示中小微企业亏损概率并不受数字普惠金融覆盖广度影响。其次，观察数字普惠金融使用深度的影响，如表 6-3 中模型（3）至模型（4）。模型（3）中显示数字普惠金融使用深度（Depth）的系数在 5% 水平上显著为 0.0020，这意味着数字普惠金融使用深度指数提升 100 个单位，中小微企业盈利概率将会提高 19.6%。模型（4）中数字普惠金融使用深度系数在 5% 水平上显著为 -0.0028，表明当数字普惠金融使用深度提升 100 个单位，中小微企业亏损（相对持平）概率将会降低 27.6% 左右。最后，考虑数字服务支持程度的影响，如表 6-3 中模型（5）至模型（6）。模型（5）中结果显示数字服务支持程度（Dgtl）在 1% 的显著水平上会降低中小微企业盈利概率，这一结论虽不符合后疫情时代的实践预期，但表明在 2014 年数字服务支持的发展带给了中小企业较大的市场变革与转型压力。模型（6）中显示数字服务支持虽然会降低盈利概率，但并没有显著提升亏损概率。

表 6-3　数字普惠金融成分与小微企业成长回归结果

变量	模型（1）	模型（2）	模型（3）	模型（4）	模型（5）	模型（6）
	盈利	亏损	盈利	亏损	盈利	亏损
Width	0.0030 **	-0.0027				
	(2.13)	(-1.50)				
Depth			0.0020 **	-0.0028 **		
			(2.09)	(-2.28)		
Dgtl					-0.0185 ***	0.005
					(-4.32)	(0.93)
Size	0.1070 ***	0.0527 *	0.1060 ***	0.0524 *	0.1014 ***	0.0553 *
	(4.34)	(1.66)	(4.30)	(1.65)	(4.12)	(1.74)
labor	0.1082 ***	-0.1881 ***	0.1053 **	-0.1840 ***	0.1001 **	-0.1832 ***
	(2.59)	(-3.35)	(2.52)	(-3.28)	(2.39)	(-3.27)
Age	-0.1790 ***	-0.1462 *	-0.1784 ***	-0.1357 *	-0.1738 ***	-0.1620 **
	(-3.00)	(-1.93)	(-2.99)	(-1.79)	(-2.95)	(-2.16)
Cap1	-0.0461	0.0647	-0.0449	0.0627	-0.0393	0.0622
	(-1.53)	(1.63)	(-1.49)	(1.59)	(-1.30)	(1.57)
Cap2	0.2243 **	-0.0905	0.2249 **	-0.0948	0.2271 **	-0.0856
	(2.20)	(-0.66)	(2.20)	(-0.69)	(2.22)	(-0.63)
Wnr1	0.4096	0.9697	0.4214	0.9567	0.3906	0.9843
	(0.85)	(1.37)	(0.88)	(1.35)	(0.81)	(1.39)
Wnr2	0.2023	0.5176	0.2047	0.5151	0.1721	0.5317
	(0.46)	(0.77)	(0.47)	(0.77)	(0.39)	(0.79)
Wnr3	0.772	1.7404 **	0.7764	1.7616 **	0.7565	1.7139 **
	(1.33)	(2.21)	(1.34)	(2.23)	(1.30)	(2.18)
_cons	-1.0565 *	-1.4880 *	-1.0420 *	-1.304	3.7220 ***	-3.0307 **
	(-1.74)	(-1.72)	(-1.72)	(-1.51)	(3.18)	(-1.99)
N	3 118		3 118		3 118	

续表

变量	模型（1）	模型（2）	模型（3）	模型（4）	模型（5）	模型（6）
	盈利	亏损	盈利	亏损	盈利	亏损
P 值	0.000		0.000		0.000	
准 R^2	0.203		0.195		0.223	

注：回归采用 Mlogit 方法，括号中给出的是估计参数的 t 值，*、** 和 *** 分别表示在 10%、5% 和 1% 的水平上显著。P 值为模型检验对应的 P 值，拒绝原假设表示方程通过显著性检验。三个子指数并没有经过标准化。

6.4.3　进一步分析

理论模型中指出在不完美的金融市场中，当中小企业的边际贷款收益高于银行的贷款成本时，普惠金融的发展会促进中小企业成长。由于调查问卷中并未涉及这一数据，无法直接验证该理论推导，为此，本节采用迂回的方法论证这一命题。当中小企业的边际生产效率比较高时，上述条件更容易被满足。同时，考虑到中小科技企业往往具有较高的生产效率，所以，在科技中小微企业样本中，普惠金融的发展更能提高企业盈利概率。根据调查问卷中"贵企业是否是高新技术企业？"的问题，将回答"是"的企业作为回归样本，将企业亏损作为基准，分析普惠金融发展是否显著提升企业盈利（相对于亏损）的概率。表 6-4 给出了相应的回归结果。模型（1）中 TIF 的回归系数通过 5% 显著水平，显著为正，表明传统普惠金融指数增加 0.1 个单位，企业进入盈利相对亏损状态的胜算比将增加 0.27 左右。模型（2）中 DIF 的回归系数为 2.9090，通过了 5% 的显著水平，这意味着数字普惠金融指数增加 0.1 个单位，企业进入盈利相对亏损状态的胜算比将增加 1.83 左右。比较上文的结果，可以发现中小科技企业受到数字普惠金融的作用更强。这一结论与上文结论相符合。

表 6-4　条件分析的回归结果

变量	高新技术中小微企业	
	模型（1）	模型（2）
TIF	0.9919 **	
	(2.13)	
DIF		2.9090 **
		(2.21)

续表

变量	高新技术中小微企业	
	模型（1）	模型（2）
Size	0.1031*	0.0987*
	（1.77）	（1.70）
labor	0.1924*	0.1758*
	（1.88）	（1.72）
Age	-0.0825	-0.0819
	（-0.57）	（-0.56）
Cap1	-0.027	-0.0119
	（-0.39）	（-0.17）
Cap2	0.4428*	0.4358*
	（1.95）	（1.92）
Wnr1	0.2403	0.2491
	（0.16）	（0.16）
Wnr2	1.2271	1.1736
	（0.84）	（0.80）
Wnr3	0.9803	0.9375
	（0.64）	（0.61）
_cons	-2.3284	-3.2525*
	（-1.36）	（-1.79）
样本数	831	831
P 值	0.000	0.000
准 R^2	0.287	0.283

注：回归采用 Mlogit 方法，括号中给出的是估计参数的 t 值，*、** 和 *** 分别表示在 10%、5% 和 1% 的水平上显著。P 值为模型检验对应的 P 值，拒绝原假设表示方程通过显著性检验。

6.5　本章小结与启示

本书首先构建了一个简单银企信贷决策模型，分析了完美信息下和非完美信息下中小企业的最优投融资决策，发现在完美金融市场中，普惠金融的发展会增加中小企业的贷款，促进中小企业投资收益最大化，但是，在不完美的金融市场中，只有当中小企业的边际贷款收益高于银行的贷款成本时，普惠金融的发展才会扩大贷款规模，增加投资收益，促进中小企业成长。其次，本书利用西南财经大学 2015 年小微企业调查结果作为研究样本，利用多项选择（Mlogit）模型，着重分析传统普惠金融发展对中小微企业盈利（相对于持平）概率和亏损（相对于持平）概率的影响，回归结果表明：传统普惠金融与数字普惠金融的发展都会提升中小微企业的盈利（相对持平）概率，但数字普惠金融的促进作用更大。前者指数提升0.1 个单位会促使中小微企业盈利概率提升约 5.8%；后者指数提升 0.1 个单位会促使中小微企业盈利概率提升约 22.2%。数字普惠金融分项指标中使用深度的改善，相对于覆盖广度与数字使用技术对中小微企业成长的促进作用更大。最后，利用高新技术中小微企业的实证发现，传统普惠金融发展与数字普惠金融发展会带来更大的促进作用，进一步验证不完美市场中理论模型结论。

本书的结论为发展普惠金融、促进中小企业成长提供了理论依据，基于此，可以有以下 3 条建议。

第一，继续推进普惠金融发展，利用数字技术发展新路径，拓宽普惠金融服务中小企业的渠道优势与专业优势，完善相关基础设施建设和法律法规建设，加强数字普惠金融的使用深度，扩大覆盖广度，优化普惠金融的普惠性，从而充分发挥普惠金融对中小企业的积极作用，增强中小企业盈利能力。

第二，降低金融成本，提高普惠金融的服务效率。转变金融单一生存模式、推动金融产品多样化设计、撤销低效网点，加大智能机具赋能金融服务，通过金融科技降低金融服务成本，为中小企业提供更宽广的融资渠道和方式，实现金融与产业的有效结合，从而促进中小企业发展。

第三，中小企业需要改变以往粗放式增长，通过科学财务管理精益化生产，提高边际资本收益。中小企业的财务管理相对薄弱，资金周转和积压问题较多，这会影响边际贷款收益和金融市场信息对称。"打铁还需自身硬"，通过技术创新和管理变革，提升生产效率，增强中小企业的活力、韧性和创新力。

7 普惠金融与包容性增长

7.1 普惠金融的增长效应相关研究

　　普惠金融的概念自 2005 年经联合国正式提出后，引起了国内外广泛的关注和讨论，目前包括英国、巴西、印度等在内的 20 多个国家制定并启动了国家普惠金融规划或战略。2016 年 1 月，中国国务院印发了首个针对普惠金融的国家级战略规划《推进普惠金融发展规划（2016—2020年）》，提出 2020 年建立与全面建成小康社会相适应的普惠金融和保障体系。规划开篇指出，普惠金融立足机会平等要求和商业可持续原则，以可负担的成本为有金融服务需求的社会各阶层和群体提供适当、有效的金融服务，其目标是改善金融资源配置公平性，并促进经济社会的协调发展。虽然普惠金融理念提出经历的时间并不长，但在我国却取得较为积极的成效，例如，2015 年末，基础金融服务就已覆盖 56.3 万个行政村，覆盖率达到了 95%。

　　普惠金融的现实重要性引起了学术界的回应。综观现有相关文献，主要从三个方面展开：第一，普惠金融的内涵与意义。Kapoor（2014）认为普惠金融是一个"均衡器"，它能够使所有公民对经济增长有所贡献并从中受益。贝多广（2015）联系"好金融与好社会"的社会理念，认为金融普惠性需要打破现行金融体制模式，发展服务小微企业的金融产业链，拓展金融体系发展的深度和广度。第二，普惠金融的国际发展模式及可行路径。Chattopadhyay（2011）较早地梳理了印度的普惠金融措施及成效，焦瑾璞（2015）则分析了巴西、印度尼西亚、肯尼亚等国的普惠金融项目实践。第三，普惠金融与经济社会发展关系研究。Chiapa 等（2016）探析了普惠金融的发展对妇女平等、子女就学等方面的影响，表明金融服务能够帮助妇女获得对资产的控制，随之妇女自身的自尊、儿童的受教育水平以及婚姻的稳定程度都会随之上升。其余较多的文献联系经济增长内容对普惠金融的意义进行探讨。Chattopadhyay（2011）的定量研究表明，缺乏包容的银行体系会使 GDP 损失 1%。刘亦文（2018）利用面板门限模型，分析了普惠金融发展水平对经济增长的影响关系，发现只有当普惠金融发展水平高于特定的门限值时，才会促进经济增长。

然而，目前基于中国数据的实证研究仍较为缺乏，而且普惠金融的重要性不仅仅在于其对经济增长数量的影响，更重要的是其对经济增长包容性的影响。遗憾的是该方面的研究相对较少，同时已有研究较少考察尾部客群行为变化，例如，民间投资倾向在普惠金融与包容性增长之间的重要传导作用。有鉴于此，本章将尝试梳理普惠金融对包容性增长的影响机理，同时采用我国省级面板数据，构建普惠金融指数，实证分析普惠金融与包容性增长的关系，并利用中介效应模型分析民间投资的作用，以此深化普惠金融及其与经济包容性增长关系的认识。

本章接下来安排如下：第二部分，梳理普惠金融对包容性增长的影响机理及民间投资在普惠金融效应中的作用，并提出相关命题；第三部分，根据命题设定中介效应模型，同时构建中国省级普惠金融指数；第四部分，实证检验普惠金融与包容性增长之间的关系，考察"金融普惠—民间投资—包容性增长"的传导机制；第五部分是稳健性检验；第六部分是结论与启示。

7.2 普惠金融影响包容性增长的机制

经典的金融理论认为，金融发展可以通过收集信息、风险担保和鼓励创新三种主要方式，将资金配置到资本边际产品高的项目，促进经济增长，同时给予金融供求双方参与分享社会财富增长带来的好处。然而现有研究比较集中于分析金融深度的影响，对金融宽度（金融的普惠性或包容性）的考察较少，事实上，金融的发展应该是金融深度与金融宽度的有机统一。

随着 2005 年普惠金融体系构想的提出，金融的普惠测度与普惠偏好在金融服务实体经济行为与经济可持续增长发展路径中的意义日益显著。2008年国际金融危机爆发后，许多人开始质疑金融在社会良性发展中扮演的重要角色，甚至有些人开始对金融产生敌意，但这并不会使人们放弃继续完善金融体系的想法。2012 年，罗伯特·希勒教授在《金融与好社会》中提出为塑造一个和谐、平等的社会，金融体系需要进行更深层次的民主化、人性化和扩大化改造。基于现有金融体系的发展，普惠金融的发展思路为此提供了一条可行的路径，它通过倡导平等的金融权利，推动优化货币资金的流向和结构，以促进经济社会发展的包容性。当然，普惠金融的第一性是它的"金融性"，也具有上述通过收集信息、风险担保和鼓励创新的机制作用于实体经济，促进社会成员从经济增长中实现福利的增进。除此之外，普惠金融的特殊性在于其还可通过以下三条途径影响经济的包容性增长。

第一，去门槛效应。在阿罗和阿克洛夫相继发表信息经济学的开创性论文之后，经济学界开始意识到信息不对称是造成市场实际运行方式偏离最优均衡的重要原因。在信息不对称条件下，综合风险和收益后的金融供给决策要求融资方释放出未来低违约概率的信号，高资产净值、优质的抵押品、透明的会计核算和良性的管理结构等成了融资合约谈判的砝码。在拥有与不拥有砝码的两种可能性下，形成了金融市场中的"优质客户"和"劣质客户"，这些"劣质客户"主要包括农户、个体经营者等民间投资主体，它们往往会受到传统金融服务的"门槛"阻隔，在获取金融服务中被排斥在服务范围之外。普惠金融试图通过提高金融机构的覆盖率、建立银企合作关系、丰富抵押产品种类、完善信用档案建档等途径，优化金融系统信息筛选甄别机制，降低金融服务的"门槛效应"，在保证这些"劣质客户"可以公平享受金融服务的同时，拓展金融交易的可能性边界，提高金融服务实体经济的效率，进而改善微观经济主体要素投入的优化选择行为，对社会福利产生正向影响。

第二，均衡配置效应。一直以来，我国金融市场上存在着较为严重的非均衡信用配给问题，集中体现为信息不对称条件下的信用配给问题和因制度排斥产生的信贷扭曲，这致使国内金融资源出现低效甚至是无效的配置现象。作为现有金融发展的反思，普惠金融主张赋予所有人享受金融服务的平等权利，通过针对性地破除排斥性制度、完善金融基础设施、创新差别化的金融产品等多方面供求共建机制，从地理渗透性、产品可触度和使用效用性等维度疏通资金有效流动渠道，促使金融资源配置由"失衡态"向"均衡态"转变，进而推动微观主体产生帕累托改进决策，实现社会经济的协调均衡发展。

第三，涓滴效应。所谓涓滴效应，是指优先发展起来的群体或地区会通过经济、社会联结关系惠及滞后发展的群体或地区，实现金融发展成果的共享。但在主流金融体系下，金融机构的强利润目标、弱风险管理和同质竞争特征，促使其往往充当着"锦上贴花"的角色，造成金融市场上的

"马太效应",即经济落后地区、盈利能力稍弱的企业获得的金融资源越来越少;而经济发达地区、盈利能力较强的企业尤其国有大型垄断企业获得的金融资源越来越多,结果是大大限制了涓滴效应的发挥。普惠金融通过提高服务中小微企业、"三农"与边远地区的金融渗透率、普及金融产品与金融知识等方式,开发金融市场的"长尾"区间,从而扩大微观经济主体的金融参与宽度与深度,改善涓滴效应的长效机制,实现对经济包容性增长的积极作用。

上述三个效应从金融的宽度扩展了已有"金融—增长"联结机制,为"好金融,好社会"提供了一个分析路径,由此可得命题1。

命题1:普惠金融可以通过去门槛效应、均衡配置效应和涓滴效应这三个相互交融的机制,对经济的包容性增长产生正向作用。

融资的所有制差异是我国金融实践中的一个明显现象。相对于政府投资主体,民间投资主体在获取和使用金融服务上处于相对弱势。这具体地表现为以下三个方面:第一,虽然中国资金市场供给较为充裕,但在我国现有金融架构下,以银行为主的间接融资体系在信贷分配过程中存在标准差异,中小民营企业获得银行贷款的困难度更高,同时股票市场、债券市场等直接融资机制也倾斜于国有企业,大多数民营企业直接融资渠道相对不畅。第二,潜在的政府隐性担保在很大程度上降低了政府投资主体的融资风险,同时政策引发的政府投资集中于大规模的"铁公基"项目,通常需要大规模的配套信贷支持。在有限竞争的信贷市场结构中,这会降低民营部门的信贷资金供给规模。第三,较多民营企业由于在资产规模、信息透明度、公司治理、债务抵押担保以及银企合作等方面弱于国有企业,在融资过程中会面临更为严重的信息不对称问题,由此它们在资本市场上获得的融资机会更少,成本相对更高。

由此导致,一方面,民营企业盈利空间受融资部门挤占,其扩大再生产的投资规模受到抑制;另一方面,形成民间投资更多依赖于留存收益进行再投资扩大资本规模的发展路径,换句话说,不利的经济冲击会通过留存收益的快速变动,降低民间投资主体的投资意愿,引致企业投资较快的萎缩。民间投资主体,特别是中小微民营企业,在信贷方面面临着"市场歧视",被迫使用更为昂贵的金融服务。这不仅损害了民营经济的成长,而且信贷资源向国有企业的过度集中会形成效率损失和"增长拖累"。根据一项抽样调查显示,中国民营企业平均寿命较短,仅为3.7年,其中每年有一大批中小企业死于资金链断裂、高融资成本的拖累。因融资问题推高的民营企业死亡率，会对带动就业、缩小收入差距、城乡统筹发展等包容性增长内容产生不利影响。总而言之，现有金融体系的所有制问题恶化了民间投资的发展环境，对经济包容性产生了负面的作用。

普惠金融尝试突破现有金融领域中存在的所有制排斥，通过金融基础设施的推进、产品服务的分层次多样化创新、风险防控能力的优化等措施，缓解中小企业与银行等资金供给方之间的不对称，提高民间投资企业的资金供给规模和信用认可水平，从而有效降低民间投资门槛，降低企业扩大投资规模（包括技术投资）的融资约束，实现金融资源分配的合理配置。由此，通过激活和提高民间投资主体因过去金融资源短缺而受抑制的投资需求与倾向，普惠金融的去门槛效应、均衡配置效应和涓滴效应对包容性增长产生积极作用，换句话说，民间投资在普惠金融促进包容性增长的路径中发挥着"二传手"作用。由此可得命题2。

命题2：普惠金融可通过促进民间投资，发挥其"二传手"作用，进而提升包容性增长水平。

7.3 普惠金融的包容性经济增长模型

7.3.1 模型设定

基于上文的分析，本书将首先构建实证模型来检验普惠金融对包容性增长的影响。

$$ID_{it} = \alpha_1 IF_{it} + \gamma_1 Control_{it} + \mu_{1i} + \varepsilon_{1it} \qquad (7-1)$$

其中，ID、IF 和 $Control$ 分别为包容性增长、普惠金融以及其他控制变量；α 和 γ 为各控制变量的系数或系数矩阵；μ_i 和 ε_{it} 分别为个体的固定效应和残差项；i 和 t 分别表示省份与年份。

其次，为考察民间投资在普惠金融与包容性增长中发挥的作用，将构建中介效应检验模型，模型由式（7-1）、式（7-2）和式（7-3）构成。

$$Mediator_{it} = \alpha_2 IF_{it} + \mu_{2i} + \varepsilon_{2it} \qquad (7-2)$$

$$ID_{it} = \alpha_3 IF_{it} + \beta_3 Mediator_{it} + \gamma_3 Control_{it} + \mu_{3i} + \varepsilon_{3it} \qquad (7-3)$$

其中，$Mediator$ 代表中介变量，为民间投资相关变量。

中介效应检验过程采用温忠麟和叶宝娟（2014）提出的检验程序，这一程序结合了 Sobel（1982）、Baron 和 Kenny（1986）等提出的重要检验方法，能在较高统计功效基础上控制统计检验中 I 型错误和 II 型错误的概率，具体如图 7-1 所示。这一检验过程关键是看系数 α_1、α_2、α_3 和 β_3 的 T 检验和 Sobel 检验。当普惠金融对包容性增长有显著作用，即系数 α_1 通过 T 检验时，如果其他系数的 T 检验都显著或者通过 Sobel 检验，则说明民间投资等变量在普惠金融促进包容性增长的过程中发挥着部分中介效应。

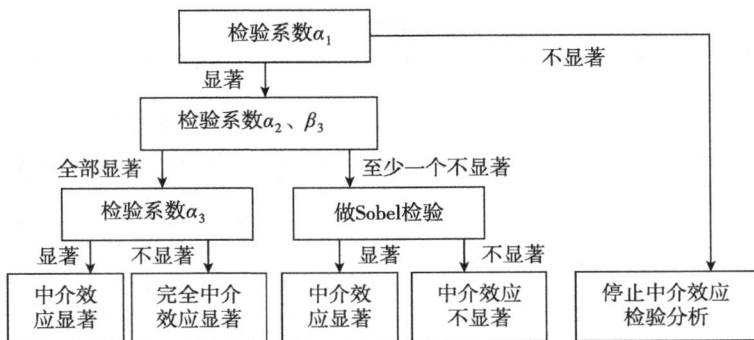

图 7-1 中介效应检验程序

注：Sobel 检验统计量为 $Z = \hat{\alpha}_2\hat{\beta}_3 / \sqrt{\hat{\beta}_3^2 S_{\alpha_2}^2 + \hat{\alpha}_2^2 S_{\beta_3}^2}$，其中 $\hat{\alpha}_2$、$\hat{\beta}_3$ 和 S_{α_2}、S_{β_3} 分别表示 α_2、β_3 的估计量和稳健标准差。

7.3.2 变量选取和数据说明

7.3.2.1 被解释变量

对包容性增长的衡量一直是理论研究中的一个难点，为客观、全面和科学地反映各地区经济社会发展和民生改善情况，中国统计学会和国家统计局统计科学研究所自 2000 年开始共同编制地区发展与民生指数（Development and Life Index，DLI），DLI 共包括经济发展、民生改善、社会发展、生态建设、科技创新和公众评价六大方面的内容，因此，本书采用 DLI 这一公开指标来衡量包容性增长 ID。由于数据有限，样本时间确定为 2006—2013 年。

7.3.2.2 核心解释变量：金融普惠指数（IF）

宋汉光等（2014）在衡量 G20 国家的金融普惠水平时根据人类发展指数提出了从地理渗透性、人口渗透性和金融使用情况三个维度构建普惠金融指数。本书将从同样维度着手，对分项指标采用主成分分析方法进行降维处理，具体的普惠金融分项指标如表 7-1 所示。鉴于量级差异会导致主成分结果有偏于数量级较大的指标，本书对所有指标进行均值化无量纲处理，根据碎石图和主成分累计贡献率，采用第 1—4 主成分的标准正交特征向量来确定分项指标权重。此外，为使指数为正，采用对数 Logistic 模式进行标准化，最终所得数据的主要统计特征如表 7-2 所示。

表 7-1　普惠金融分项指标体系

维度	指标
金融服务的 地理渗透性	每千平方公里金融机构营业网点机构数
	每千平方公里金融机构营业网点人员服务比例
	每千平方公里 ATM 数量
	每千平方公里小型农村金融网点机构数
金融服务的 人口渗透性	每万人金融机构营业网点机构数
	每万人金融机构营业网点人员服务比例
	每万人 ATM 数量
	每万农村人口小型农村金融网点机构数
金融使用情况	储蓄存款占 GDP 比重
	贷款占 GDP 比重
	保费收入占 GDP 比重（保险深度）
	农户贷款占贷款比重
	小额贷款公司贷款占总贷款比重

7.3.2.3　中介变量：民间投资（Nons）

用非国有制注册单位的人均实际固定资产投资度量。另外，本书还将从农户投资（Far）和私营投资（Pri）这两个分项维度分析民间投资的"二传手"作用，其中农户投资采用单位农村人口农户固定资产投资度量；私营投资采用单位就业人口私营企业固定资产投资度量。上述实际投资变量都经价格处理（以 2000 年的固定资产投资价格为基期），并取对数。

7.3.2.4　其他控制变量

①对外开放（Open）：胡育蓉和齐结斌（2016）的空间模型表明，中国对外开放水平对社会包容性增长会产生显著的影响，本书因此对之进行控制。为防止因解释变量之间高度相关产生的多重共线性问题，本书采用"外商直接投资与对外直接投资之和与 GDP 比值"来衡量。②受教育水平（Edu）：人力资源理论表明高等教育可以有效提高专业技能和劳动生产

率，从而促进包容性增长。一般而言，本科教育培养的周期为4年，专科培养的周期则为2—3年。由此假定某年高等教育水平将在4年后对包容性增长产生影响，同时这样的做法也可以尽量减少高等教育获得与包容性增长之间的逆向因果关系。高等教育规模采用"普通高等学校在校学生数的对数"来衡量。③政府干预（Gov）：研究表明政府干预对社会福利会产生显著的负向效应，本书将利用"地方政府罚没收入占一般预算收入的比重"的数据对政府干预进行控制。④时间虚拟变量（Dum）：2007年次贷危机引发了国际金融危机，世界各国进入了后金融危机时代，由此本书将2006年度设为虚拟变量进行控制。

在上述变量中，包容性增长数据来自中国统计学会相关年份发布的《地区发展与民生指数报告》；民间投资相关数据来自对《中国固定资产投资统计年鉴》和各省统计年鉴的整理；普惠金融数据各项指标由《金融统计年鉴》、区域金融发展报告、Wind数据库、各省统计年鉴等整理而成；因对外投资原序列数据涉及美元计价，本书用国家外汇管理局公布的历年人民币兑美元中间价将美元换算人民币计价；其他数据均来自国家统计局和中经网统计研究数据库。鉴于数据的可获得性和一致性，本书研究样本取自2006—2013年我国31个省、自治区和直辖市，由于西藏的固定资产价格指数的缺失，在中介效应分析中，将数据缺失的西藏剔除。以上各变量的基本描述性统计特征如表7-2所示。

表7-2　各变量的描述统计特征

变量	均值	标准差	最小值	最大值
ID	57.043	11.289	35.900	90.570
IF	0.414	0.273	0.069	1.000
Open	0.393	0.575	0.050	5.705
Edu	3.568	1.043	−0.174	5.108
Gov	3.134	1.310	0.603	7.777
Nons	0.132	0.635	−1.707	1.471
Far	−2.331	0.675	−5.971	1.636
Pri	−1.257	0.851	−3.761	0.732

7.4 普惠金融的包容性经济效应检验

本部分首先考察普惠金融对包容性增长的影响；其次，利用温忠麟等（2004）、温忠麟和叶宝娟（2014）提出的中介效应检验方法，考察普惠金融是否通过影响民间投资对包容性增长产生作用；最后，进一步考察普惠金融对包容性增长影响的区域性特征。为避免计量方程出现严重的多重共线性问题，在进行计量回归之前对各解释变量进行了 Pearson 相关系数检验。检验结果反映解释变量之间的相关系数较小，不存在严重的多重共线性问题。

7.4.1 普惠金融对包容性增长的影响

为实证检验普惠金融对包容性增长的影响，首先，比较未加入和加入普惠金融指标的普通最小二乘法回归结果。从表 7-3 中模型（1）和模型（2）可以发现，核心解释变量的加入改善了模型估计的拟合精度，普惠金融对包容性增长具有显著的正向效应。其次，由于混合回归忽视显著的个体效应，在考虑个体效应的基础上，本书接着进行固定效应回归，结果可见表 7-3 中模型（3），根据 Hausman 统计值为负的检验结果，说明固定效应回归相对于随机效应是更好的选择，此时普惠金融的回归系数显著为正。模型（4）给出了固定效应估计下异方差和自相关相一致的 Driscoll-Kraay 标准误，普惠金融的回归系数仍在 1% 的显著水平上显著。最后，由于普惠金融与包容性增长之间可能存在双向影响关系，这会引发解释变量的内生性问题，造成模型固定效应估计产生偏误。为了解决这种问题，本书选用小样本工具变量法（IV）对模型进行估计，回归中将普惠金融指标滞后一期和滞后二期作为其工具变量，回归结果如表 7-3 中模型（5）所示，工具变量识别不足检验 Anderson 统计量为 71.15，表示拒绝存在识别不足的原假设，同时弱工具变量检验 Cragg-Donald 统计量为 43.69，远大于 10% 偏误下的临界值 16.38，说明拒绝弱工具变量的假设，过度识别检验 Hansen 统计量为 3.00，表示接受不存在过度识别的原假设，由此工具变量通过检验。回归结果显示，普惠金融的正向估计系数在 1% 的显著水平上通过检验，说明普惠金融水平的提高有助于实现包容性增长，证实命题 1 成立。

表7-3 普惠金融与包容性增长的回归结果

	模型（1）	模型（2）	模型（3）	模型（4）	模型（5）
	Ols	Ols	Fe	Fe_DK	IV
IF		21.82***	19.00***	19.00***	25.32***
		(1.71)	(2.20)	(1.11)	(4.45)
Open	2.83***	1.14**	0.29	0.29***	0.39
	(0.67)	(0.54)	(0.34)	(0.12)	(0.31)
Edu	13.62***	8.68***	9.97***	9.97***	8.56***
	(0.73)	(0.68)	(0.97)	(0.39)	(2.19)
Gov	−1.40*	−0.33	−1.21***	−1.21***	−1.48**
	(0.35)	(0.30)	(0.26)	(0.14)	(0.43)
常数项	43.68***	36.44***	40.86***	40.86***	
	(1.79)	(1.49)	(1.61)	(0.58)	
Dum	控制	控制	控制	控制	
Obs.	248	248	248	248	186
Adj R^2	0.74	0.85	0.91	0.91	0.86
Hausman			−3.67		
Anderson					71.15
Cragg-Donald					43.69
Hansen					3.00

注：小样本工具变量估计法（IV）采用的工具变量是普惠金融变量的滞后一期和滞后二期。括号中给出的是估计参数的标准误，*、**和***分别表示在10%、5%和1%的水平上显著。

7.4.2 民间投资的中介作用检验

本部分首先结合民间投资对命题2进行检验，其次分别从农户投资和私营投资两个典型方面，细化命题2的实证分析。为降低内生性问题，中介效应检验均采用工具变量估计方法，根据Anderson、Cragg-Donald和Hansen统计检验结果，表7-4所有模型中工具变量都可认为是有效的。

第一，民间投资的作用渠道检验。表7-4中模型（2）呈现的是普惠金融单独与中介变量民间投资的回归结果，模型（1）和模型（3）分别呈现的是未纳入和纳入中介变量后包容性增长的影响因素回归分析。模型（1）、模型（2）和模型（3）回归结果中普惠金融和民间投资系数在1%水平上显著，并且Sobel检验的Z统计量为5.66，通过5%显著性水平检验（临界值为0.97），说明部分中介效应存在。可以发现，模型（3）中普惠金融回归系数为19.53，比模型（1）中未纳入中介变量的回归系数27.41小，这是因为民间投资对包容性增长发挥了解释作用，即民间投资在普惠金融与包容性增长之间的传导发挥着"二传手"作用，经计算，该中介效应占总效应的比重为69%，由此命题2成立。

第二，私营投资的中介作用检验。从表7-4中模型（1）、模型（4）和模型（5）的中介效应检验结果看，中介变量私营投资和核心解释变量普惠金融的回归系数都在1%水平上显著为正。Sobel检验的Z统计量为5.80，通过5%显著性水平检验。根据中介效应检验过程，存在显著的私营投资中介效应，同时该中介效应在总效应的比重达到63%。

第三，农户投资的中介作用检验。在改革开放后的很长一段时期，我国金融资源在分配上表现出明显的城市化倾向，农村金融主要承担向城市资金输送而非自身资金配置的功能（胡宗义和刘亦文，2010）。长期的金融城乡非均衡发展路径导致"三农"资金投入不足，农户产业活动和收入来源受限。作为一种较为典型的民间投资，可以预期农户投资也会在普惠金融不断提升金融资源的可得性、覆盖面和渗透率过程中受到激励。表7-4中模型（1）、模型（6）和模型（7）给出了农户投资的中介效应检验结果。结果显示，普惠金融和中介变量农户投资倾向系数在1%水平上显著，并且Sobel检验的Z统计量为1.66，通过5%显著性水平检验，这说明农户投资的中介效应存在，且该中介效应占总效应的比重达到了6%，这说明农户投资在普惠金融促进包容性增长的过程中发挥了一定的"二传手"作用。

由此，上述两个检验进一步证实了命题2。另外，若对比这两个回归结果可以发现，私营投资的中介效应占比要明显高于农户投资，这主要是因为：第一，普惠金融对农户投资的作用强度（2.56）弱于其对私营投资的作用强度（5.11）；第二，农户投资对包容性增长的作用强度（0.69）远小于私营投资的作用强度（3.39）。

表7-4　民间投资的中介效应检验结果

中介变量		民间投资（Nons）		私营投资（Pri）		农户投资（Far）	
	模型（1）	模型（2）	模型（3）	模型（4）	模型（5）	模型（6）	模型（7）
被解释变量	ID	Nons	ID	Pri	ID	Far	ID
IF	27.41***	3.95***	19.53***	5.11***	19.88***	2.56***	25.46***
	(4.83)	(0.22)	(4.27)	(0.30)	(5.03)	(0.28)	(5.79)

中介变量		民间投资（Nons）		私营投资（Pri）		农户投资（Far）	
	模型（1）	模型（2）	模型（3）	模型（4）	模型（5）	模型（6）	模型（7）
被解释变量	ID	Nons	ID	Pri	ID	Far	ID
Open	0.39		0.29		0.10		0.49
	(0.30)		(0.25)		(0.27)		(0.45)
Edu	7.54***		4.53***		3.91*		7.89***
	(2.35)		(1.22)		(2.24)		(2.26)
Gov	−1.86***		−1.09**		−1.35***		−1.71***
	(0.48)		(0.33)		(0.37)		(0.42)
中介变量			4.77***		3.39***		0.69*
			(0.80)		(0.55)		(0.41)
Obs.	180	180	180	180	180	180	180
Adj R^2	0.83	0.63	0.91	0.63	0.87	0.07	0.87
Anderson	62.73	211.43	56.17	211.43	52.74	211.43	57.05
Cragg-Donald	37.65	228.95	32.70	228.95	30.34	228.95	33.32
Hansen	2.11	1.14	11.87	1.01	6.86	0.70	1.72
Sobel		5.66		5.80		1.66	
中介效应		18.84		17.32		1.77	
中介效应/总效应		68.74%		63%		63%	

注：表中回归都采用小样本工具变量估计法，工具变量选取普惠金融变量的滞后一期和滞后二期。括号中给出的是估计参数的稳健标准误，*、**和***分别表示在10%、5%和1%的水平上显著。

7.5 普惠金融经济效应的区域异质性

表7-5显示了在东部、中部、西部t检验下的各变量差异程度。可以看出，包容性增长水平（ID）在东部、中部、西部呈显著的梯度递减；东部的普惠金融水平（IF）显著高于中部、西部地区，但中部和西部之间无明显差异；民间投资水平（Nons）和私营投资规模（Pri）在东部、中部、西部地区依次降低；而农户投资水平（Far）在东部和西部并不存在明显的差异，并且中部地区明显高于它们。因此，有必要在区域异质性层面就普惠金融对包容性增长的影响展开研究。

表7-5 东部、中部、西部变量差异 t 检验结果

区域比较	东部与中部	中部与西部	东部与西部
ID	12.71***	5.33***	18.05***
IF	0.39***	0.01	0.38***
Open	0.61***	0.03*	0.63***
Edu	0.25***	0.50***	0.75***
Gov	−1.39***	0.90***	−0.49***
Nons	0.38***	0.33***	0.71***
Pri	0.25**	0.37***	0.63***
Far	−0.18	0.30***	0.12

注：*、** 和 *** 分别表示在10%、5%和1%的水平上显著。东部地区包含北京、天津、上海、广东、辽宁、江苏、浙江、山东、福建、河北和海南，中部地区有河南、湖北、湖南、江西、山西、内蒙古、安徽、黑龙江和吉林；西部地区包含陕西、宁夏、甘肃、四川、重庆、贵州、广西、云南、青海和新疆，区域划分以下同。

从表7-6的实证结果可以发现，普惠金融的回归系数在东部、中部、西部样本中都通过了1%的显著性水平检验，说明普惠金融对各地区包容性增长都存在明显的促进作用，而且作用大小在东部、中部、西部基本上呈逐级递增趋势。根据全样本回归的 t 检验值判断，东部地区在1%水平上显著低于中部、西部地区，中部地区在5%水平上显著低于西部地区。另外，教育水平在各地区对包容性增长水平都会产生显著的正向影响，政府干预对包容性增长会带来较为显著的负面效应，对外开放水平的正向影响在回归中并不显著。

表7-6 东部、中部、西部的区域效应回归结果

	东部		中部		西部	
	Fe	IV	Fe	IV	Fe	IV
IF	12.36**	14.94***	12.46***	15.97*	15.64***	16.66***
	(4.18)	(6.10)	(1.60)	(9.43)	(1.27)	(4.87)
Open	0.08	0.07	0.95	13.51	1.69	7.31
	(0.07)	(0.26)	(2.68)	(11.04)	(1.82)	(8.71)
Edu	9.27***	6.42**	13.12***	12.22***	15.55***	16.27***
	(1.39)	(2.78)	(1.08)	(2.99)	(1.28)	(2.92)
Gov	−2.54***	−3.24***	−0.12*	−0.34***	−0.78**	−0.79
	(0.59)	(1.13)	(0.07)	(0.13)	(0.25)	(0.55)
常数项	49.98***		34.56***		37.95***	
	(2.02)		(1.47)		(1.36)	
Dum	控制		控制		控制	

续表

	东部		中部		西部	
	Fe	IV	Fe	IV	Fe	IV
Obs.	88	66	72	54	88	66
Adj R^2	0.92	0.84	0.97	0.95	0.95	0.91
Hausman	−6.96		−44.70		−2.96	
LR		37.15		10.23		25.71
F		45.91		9.10		15.13
Hansen		1.76		1.51		2.57
T检验	5.80	3.89	4.49	2.09		

注：*、**和***分别表示在10%、5%和1%的水平上显著。

7.6 本章小结与启示

本章从理论上梳理了普惠金融对包容性增长的去门槛效应、均衡配置效应和涓滴效应，并探究了民间投资的"二传手"作用，同时基于中国省级面板数据对上述效应进行了实证分析。分析结果表明，普惠金融对包容性增长存在显著的正向影响，并且民间投资抑或私营投资、农户投资在这一作用中发挥着显著的中介效应，其中农户投资的中介作用较弱。在区域异质性层面上，普惠金融对包容性增长的正向影响在东部、中部、西部依次增强。通过上述研究，可以得到以下启示。

第一，提升普惠金融的发展水平和可持续性，不断健全规范社会信用体系建设，推广移动金融在普惠金融中的运用，使得获取普惠金融的便利性提高，普惠金融服务的成本降低，从而充分发挥普惠金融在社会经济中的作用，以提高经济的包容性水平。

第二，疏通普惠金融对民间投资的支撑渠道，提升民间投资活力。减少现有金融体系的金融排斥，改善金融服务的公平性和可获得性，满足农户、私营企业等中小民间投资主体的金融需求，从而激发民间投资对实体经济的积极作用，进而促进包容性增长。

第三，从普惠金融的空间效应来看，普惠金融对中西部的包容性增长水平作用相比东部而言为显著，但当前金融普惠供给能力在东部、中部、西部依次减弱，由此，需要不断减少中西部地区普惠金融发展障碍，提高中西部普惠金融的发展水平。

8 普惠金融支持中小企业的国际经验

8.1 德国中小企业的发展动态

8.1.1 德国中小微企业的发展动态

德国作为全球经济强国，已形成比较完善的中小微企业①金融支持体系，对我国普惠金融发展有重要的借鉴作用。作为发达工业国家，德国拥有闻名世界的大企业，同时也拥有大量的中小微企业，后者在推动经济增长与扩大就业方面发挥着重要的作用。德国复兴信贷银行（以下简称KFW）数据显示，2017年德国共有中小微企业376万家，占国内所有企业的比例高达99.95%，共创造近2 000万个就业岗位，增加了47 270亿欧元的营业额。其中，在国内创造的总营业额约为41 500亿欧元（占比88%），较2016年高出约1 900亿欧元，同比增幅达4.7%，创近六年新高，高于国内整体经济增速。从行业营业额和利润率等指标来看，德国中小微企业具有以下三方面特点。

第一，服务业占主导。2017年德国的中小微企业中，服务型企业约283万家，数量占比高达76%；其中，144万家为知识密集型服务企业，数量占比为38%（见图8-1）。在德国的中小微企业中，服务业不仅占据数量上的绝对优势，它对营业额的贡献值也是举足轻重的。服务业创造的营业额占所有中小微企业的73%（见图8-2）；其中，知识密集型服务业营业额同比增速达6.2%，创十年来新高，占据2017年所有行业（中小微企业）营业额增幅榜首。德国中小微服务业营业额贡献值的92%源自国内，具有高度的"内向型"属性。从行业角度分析，服务业的高经济权重与行业转型推

---

① 本章德国与印度的经验分析会涉及中型、小型、微型企业的不同特征，故表述中使用中小微企业。

进密切相关。企业基于成本效益、专业化和任务分工等的考虑，倾向于将诸如 IT 维护、数据存储、人员招聘、法律事务和税务等内部服务外包给第三方公司。其次，人口结构变化和较小家庭所占比例增加等其他结构性发展因素也增加了对服务的需求，导致经济活动向服务业稳步转移。

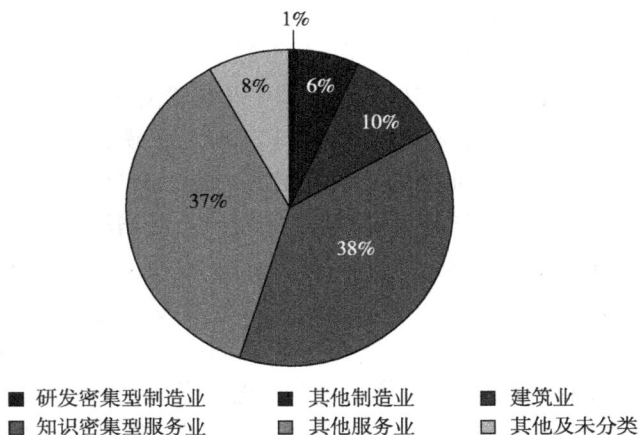

图 8-1　2017 年德国中小微企业行业分布

■ 研发密集型制造业　　■ 其他制造业　　■ 建筑业
■ 知识密集型服务业　　■ 其他服务业　　■ 其他及未分类

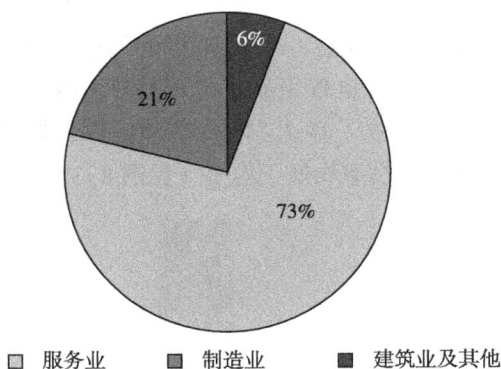

□ 服务业　　■ 制造业　　■ 建筑业及其他

图 8-2　2017 年德国中小微企业营业额分布

第二，制造业少而精。虽然制造业在德国中小微企业中数量占比仅为 7%（其中研发密集型制造业为 1%），但销售额贡献值高达 21%，其中 69% 的营业额源自国内订单，31% 源自海外。在德国 2017 年 12 790 亿欧元的总出口额中，中小微企业贡献了 45%（5 770 亿欧元），而制造业占据了"半壁江山"（2 970 亿欧元，51%）。从出口额增加值层面统计，中小微制造业同样表现不俗。2017 年德国出口额增加值总计 760 亿欧元，在中小微企业的 300 亿欧元增加值中（占比为 41%），制造业占三分之二，且研发密集型制造业和其他制造业平分秋色，各贡献了 100 亿欧元的出口增加值。作为有"工业帝国"美誉的国家，"德国制造"已成为"质量""严谨""创新"等的代名词。中小微企业虽然无法与大企业知名度媲美，但却从中诞生了不少"隐形冠军"，而绝大多数细分行业的"隐形冠军"来自制造业。这就不难理解德国中小微制造业可喜的国际市场业绩。

第三，利润率表现良好。2017 年德国中小微企业的利润率较上年略有下滑，从 2016 年的 7.3% 下降至 2017 年的 7.2%，下跌了 0.1 个百分点。但综观过去的 12 年，中小微企业的利润率增幅约占三分之一（增加了 1.8 个百分点），总体维持在不俗的水准。按规模划分，利润率差异性显而易见：中型企业利润率增幅未能跟上可观的营业额增长，连续三年呈下滑趋势，利润率自 2014 年以来累计下跌 0.4 个百分点至 4.2%；小型企业 2017 年利润率为 6.1%，较上年略走弱（2016 年利润率为 6.4%），但仍维持在较高水准，居近 12 年来第二高位；微型企业的近况则颇为乐观，近三年利润率节节攀升，并创下 12 年来最高值，即 14.6%。至此，微型企业与中型企业间的利润率差异首次扩大到 10 个百分点以上。上述差距产生的原因为中小型企业人力资源支出、消耗品和机器等费用的高增长，以及定价提升的不充分等；微型企业虽难以从规模经济中获益，却易识别和开发小规模销售的利基市场。以行业划分，利润率的差异性也较为显著：知识密集型服务业是中小微企业平均利润率的最大推手，获取了高达 14.6% 的利润率，是当年平均利润率的两倍，而其他主要行业的利润率均低于均值（见图 8-3）。

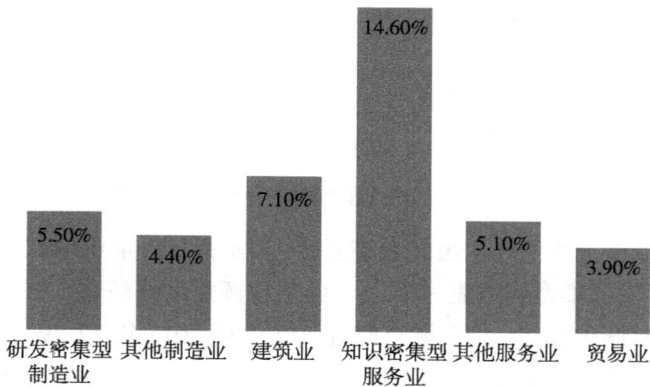

图 8-3　2017 年德国中小微企业行业利润率

上文对中小微企业的划分主要采用德国波恩中小企业研究局的划分标

准。他们把员工人数不足 500 人且年营业额不超过 5 000 万欧元的企业定义为中小微企业。另一种常见的划分方法由欧盟委员会制定。欧盟委员会的划分标准采用 2003 年的修订版本，兼顾资产负债表规模，同时考虑到南欧企业规模较小，把员工不足 250 人，年营业额不超过 5 000 万欧元或资产负债表总额不超过 4 300 万欧元的企业归类为中小微企业。德国中型、小型及微型企业的详细划分标准如表 8-1 和表 8-2 所示。

表 8-1　德国中小微企业划分（德国标准）

企业规模	员工人数（人）		年营业额（欧元）
微型	≤9	且	≤200 万
小型	≤49		≤1 000 万
中型	≤499		≤5 000 万

数据来源：伯恩中小企业研究所（IfM Bonn）。

值得一提的是，欧盟委员会 2003 年修订的中小企业定义对 1996 年的版本作了以下改进：一是考虑到通货膨胀和生产率提升因素，提高了年营业额和资产负债总额指标的门槛，而雇员人数指标维持原状。二是增加了定性指标，考虑到企业之间的关联，引入现代企业经营管理的"独立性"概念，区分了独资、合伙和关联企业，限定了该定义中的"企业"不得被其他企业占有 25% 以上的股权，以防止利用政策漏洞"搭便车"的"冒牌"中小微企业萌生。三是随着较小规模企业数量的增多首次提出了"微型企业"概念，以便为解决微型企业面临的具体问题（尤其是初创阶段）提供政策措施。

表 8-2　德国中小微企业划分（欧盟标准）

企业规模	员工人数（人）		年营业额（欧元）		资产债表总额（欧元）
微型	≤9	且	≤200 万	或	≤200 万
小型	≤49		≤1 000 万		≤1 000 万
中型	≤249		≤5 000 万		≤4 300 万

数据来源：伯恩中小企业研究所（IfM Bonn）。

8.1.2　德国中小微企业的融资动态

经过"二战"后数十年的发展，德国构建了一套有别于多数发达国家的金融体系，主要呈现以下特点：一是银行是德国金融体系的中坚力量。截至 2018 年末，德国银行业金融机构的总资产占 GDP 的比重为 231%，而股票市值、公司未偿债券余额占 GDP 的比重分别仅为 61%、5%。与美国成熟的资本市场相比，德国的资本市场发展相对滞后。总体上看，德国的融资体系以间接融资为主。二是实行全能银行制度。商业银行既可以经营一般的银行业务，还可以经营证券、保险等其他金融业务，单个银行基本能够覆盖所有的金融服务，甚至可以持有非金融企业的股权。三是金融监管严格有序。德国是典型的大陆法系国家，大陆法系支持政府的权力，构成政府对金融发展进行干预的法律基础，这与德国社会市场经济思想相统一。所以，德国主张对银行业施加严厉的监管，约束银行获得超额回报率，有效限制了金融脱实向虚，保证了经济金融的稳定发展。

得益于德国政策性银行、担保银行和商业银行各司其职、功能互补的完善银行体系，银行信贷成了中小微企业的主要外部融资方式，并为解决中小微企业融资问题发挥了至关重要的作用。根据《中小企业板块分析》报告，近几年德国中小微企业融资动态特点可以归集为以下三个方面。

第一，融资可得性近十年改观明显。中小微企业融资问题似乎是默认的世界性难题，而在德国情况却不尽然。欧洲中央银行（ECB）针对 2018 年 4—9 月欧元区企业融资情况开展了调查（Survey on the Access to Finance of Enterprises，SAFE），调查选取的欧元区样本量共计 11 020 个企业，其中 10 033 个企业（91%）雇员数低于 250 人，即欧盟标准的中小微企业，并于 2018 年 11 月发布了问卷统计结果和分析报告。调查结果显示，融资对于德国中小微企业而言并非难题。参与问卷调查的德国中小微企业被要求根据过去半年中面临问题的重要性给予各选项 1~10 分的评分（10 分表示非常重要，1 分表示完全不重要），根据分值降序排列依次为：①寻找熟练劳工及经验丰富的管理者（7.6）；②拓展客户（6.9）；③生产成本和劳工成本（6.2）；④监管问题（6.1）；⑤竞争问题（5.9）；⑥获得融资（4.0）。获得融资选项的重要性赋值最低（低于欧盟 4.3 的平均赋值），意味着融资问题对德国中小微企业而言并不十分迫切。在关于"企业当前面临的最紧迫问题"投票中，根据投票人数占比，德国中小微企业经营中面临问题的紧迫性排序依次为：①寻找熟练劳工及经验丰富的管理者（35%）；②拓展客户（27%）；③监管问题（14%）；④生产成本和劳工成本（8%）；⑤竞争问题（7%）；⑥融资问题（6%）。融资问题排在末位，获得融资是德国中小微企业相对最不迫切的问题（低于欧盟 7% 的平均水平）。此外，关于贷款获得情况的统计结果显示，在中小微企业贷款申请中，获得全额贷款的比例高达 77%（欧盟平均 73%），拒绝率仅为 4%（欧盟平均 5%），11% 的中小微企业获得部分贷款（欧盟平均 11%），2% 因无法接受融资成本主动拒绝银行的贷款建议（欧盟平均 1%）。这意味着共计仅约 16% 的德国中小微企业未能获得全额贷款，而这一比例在 2009 年曾高达 27%，贷款可得性显著提升。

《中小企业板块分析》报告也印证了德国中小微企业融资可得性的改善。2017 年，德国中小微企业基于投资目的的实际信贷融资总额从 2016 年的 877 亿欧元上升至 900 亿欧元，实际信贷缺口仅 40 亿欧元，相较于 2008 年国际金融危机时期 130 亿欧元的融资缺口，融资情况大幅改善。

第二，内源融资构成重要来源。中小微企业的抗风险能力相对较弱，融资风格相比大型企业更为保守。内源融资的低成本和低风险性使其成为中小微企业的重要融资来源。德国内源融资情况可以从中小微企业权益比率间接获知，2005—2017 年，德国中小微企业的权益比率逐年提高，2017 年升至近 12 年的最高值 31.2%，较上年提升了 1.2 个百分点（见图 8-4），而这一比率在世纪之交仅约 18%。中小微企业权益比率的攀升源自以下几方面的考量：一是提升未来信贷可得性。银行监管要求的收紧（巴塞尔协议 II）促使中小微企业更仔细地审视自身的风险和信誉，提高权益比率，以避免危及未来的信贷获得。二是保持独立性和灵活性。德国中小微企业多为家族企业，甚至有百年历史的也不在少数。它们注重品牌、做精做专，重视独立自主的经营决策权，不轻易借贷和追求上市融资。较高的权益比可以加强独立性，确保中小微企业经营决策上的灵活性。三是增强对危机的应变能力。许多中小微企业对金融危机期间的信贷限制仍记忆犹新，充足的自有资金为企业在遭遇流动性困境时提供了缓冲，降低了资金链断裂的风险。

从德国中小微企业的投资资金来源分析，内源融资占比同样较高。2017 年德国中小微企业用于投资的内源融资总额共计 1 080 亿欧元，占当年中小微企业融资总额的 51%，比 2016 年增加了 60 亿欧元（增幅为 6%），远高于 2004—2016 年的平均总额（944 万欧元），创历史新高。

第三，外源融资依赖银行信贷。德国中小微企业的外源融资渠道主要为银行信贷、资助贷款、夹层融资和私募股权等。中小微企业的组织结构特性，信息的相对不透明性和高昂的法律、会计及营销成本限制了它们进入资本市场获取直接融资，而以银行信贷为主的间接融资方式是中小微企业的主要外源融资途径。欧洲中央银行 2018 年 11 月的 SAFE 调查报告显示，有 71% 的德国中小微企业视银行信贷为首选的外部融资来源（高于欧盟 65% 的平均水平），仅 13% 的受访者以其他贷款渠道为首选。

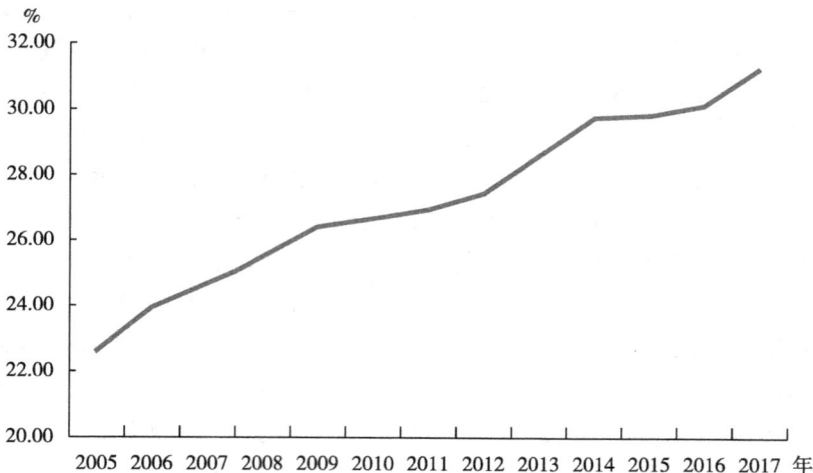

图 8-4　德国中小微企业权益资产比

德国复兴信贷银行（KFW）从投资资金外部来源层面对德国中小微企业的外源融资结构做了分析，进一步验证了银行信贷融资的重要性。2017年德国中小微企业获取以投资为目的的普通信贷总额共计650亿欧元（占融资总额的31%），同比增长40亿欧元（增幅为7%），其中短期贷款总额290亿欧元（占融资总额的14%），长期贷款总额360亿欧元（占融资总额的17%）。此外，资助贷款（Promotional Funds：政策性银行针对中小微企业的优惠贷款）总额为250亿欧元（占融资总额的12%）。由于银行贷款的可得性较高，故而德国中小微企业的证券化程度较低，其他融资来源（夹层融资、风险资本、私募股权融资等）占比仅6%。

8.2　德国支持中小企业发展的融资政策

8.2.1　设立支持中小微企业发展的特色金融机构

8.2.1.1　拓展开发性金融的组织功能，为中小微企业提供低成本资金

KFW 是德国联邦政府拥有80%股权、州政府拥有20%股权的开发性金融机构。KFW 旗下的中小企业银行主要负责向小微企业提供资金支持，是德国小微企业融资体系的主力和核心。KFW 主要通过市场发债筹资，不吸纳存款。KFW 凭借股东信誉与担保的优势，长期以来三大国际评级机构均

给予其 AAA 级最高评级，发债利率较低，能一直维持较低的筹资成本。因此，KFW 能够为小微企业提供长期低息贷款，其贷款利率通常比市场低2%~2.5%。

开发性金融机构与商业银行合作，通过转贷模式发放贷款。KFW 通过转贷模式向小微企业发放贷款，即小微企业向商业银行提出贷款申请，经过商业银行的分析和 KFW 的审批，KFW 委托商业银行向企业发放贷款。商业银行愿意按转贷模式与 KFW 开展合作并承担风险。一方面，商业银行可以满足客户对中长期低息贷款的需求，留住客户；另一方面，KFW 向转贷银行收取的利率要低于转贷银行向客户收取的利率，商业银行通过转贷，也会获得部分利差收益。转贷模式避免了开发性金融机构与商业性银行在市场中的低息恶性竞争，形成优势互补、风险共担的协同局面。

开发性金融机构与商业银行分工协作，实现流程化风控管理。风控管理是 KFW 运营的核心工作，负责贷款审批的 KFW 员工为 200 人，占全部员工的五分之四。一方面，KFW 用一套公开的标准和流程对转贷银行进行筛选；另一方面，联合商业银行，对申请贷款企业的项目进行审批。在转贷银行承担最终贷款风险的情况下，由商业银行负责审核企业的主体信用和财务状况，而 KFW 主要审批是否符合政策要求。通过项目审批，KFW 可以引导国内产业发展方向。

8.2.1.2　成立专业化的担保银行

担保银行被规定只能做担保业务，政府则通过三条保障机制保证担保银行可持续运营：一是政府通过发行公债为担保银行筹集部分资金。二是政府为担保银行提供再担保补偿。按照规定，企业一旦出险，担保银行与承贷银行的风险分摊比例为 8:2。对于这 80% 的风险损失，联邦政府、州政府、担保银行再进行结构性消化，在原联邦德国各州，联邦政府承担31.2%，州政府承担 20.8%，担保银行承担剩余的 28%；在原民主德国各州，联邦政府承担 38.4%，州政府承担 25.6%，担保银行仅承担剩余的16%。联邦政府对担保银行的补偿资金比例一般是 5 年一规划，并根据担保银行的损失情况进行动态调整。三是政府为担保银行免税费。为保护和扶持担保银行的发展，政府规定，只要担保银行的新增利润仍用于担保业务，担保银行便不需要缴纳任何税费。

8.2.2　出台支持中小微企业融资的配套政策

8.2.2.1　加快法律法规的配套支持

德国于 20 世纪 70 年代后陆续制定《中小企业组织原则》《反垄断法》《反对限制竞争法》（又名《卡特尔法》）和《关于提高中小企业效率的新行动纲领》等法律法规，规范中小企业竞争秩序，促进公平、有序生产经营环境的形成。此外，16 个联邦州市因地制宜，结合本地情况颁布了《中小企业促进法》《中小企业增加就业法》等地方法规，保护中小微企业合法权益，释放中小微企业的创新活力。

德国通过颁布配套法为中小企业服务体系中的各机构提供法律依据和支持，《德国复兴信贷银行法》便是其中的典型代表。德国联邦政府通过《德国复兴信贷银行法》，确保复兴信贷银行在中小企业融资体系中的地位和作用，并明确规定政府为"复兴信贷银行提供的贷款和发行的债券、签订的定息远期合约或期权，获得的其他贷款以及由复兴信贷银行提供明确担保的给予第三方的贷款"提供担保，以立法方式为复兴信贷银行的有效运营提供强有力的支持。此外，《德国复兴信贷银行法》规定，州政府和联邦政府一起对复兴信贷银行的担保进行一定份额的再担保，份额最高可达再担保额的 65%～80%。在财政税收支持方面，《德国复兴信贷银行法》规定：一是在复兴信贷银行资金困难时，财政随时注资；二是在资金来源上可以向财政借款或向央行随时借款；三是复兴信贷银行在税收、建筑新楼等方面享有与德国中央银行同样的优惠，并准予免交营业税和所得税。这些法律规定为复兴信贷银行降低运营成本以持续地为市场输送低成本资金提供法律保障。

8.2.2.2　完善财税体系

第一，资助成立中小发展基金。德国政府和银行共同出资组建中小企业发展基金，资金来源主要是财政补贴。基金支持中小微企业发展主要有两种形式：一是政府对中小微企业展开直接投资；二是对中小微企业贷款项目进行补贴。凡是符合政府补贴条款的中小微型企业，均可在所在地的财政局申请贷款，申请贷款的中小微企业必须提供详细的投资计划、主要内容、投资额度、投资构成、投资用途和投资效益等。一般来讲，最低的资助额度占投资总额的 5%，最高的资助额度不超过投资总额的 50%。

第二，政府采购向中小微企业倾斜。德国建立了由内务部统一管理的采购中心，配合欧盟的泛欧采购在线电子平台，保证政府采购合同总量的

50%与中小微企业签订，合同金额的30%向中小微企业倾斜，同时将招投标至履约全程向社会公布。

第三，减税降费支持中小微企业研发。为减轻中小微企业经营负担，促使其将经费投入到研发创新中，德国政府推行了多项财税政策减税降费。具体表现为：对中小微企业盈利再投资部分免征财产税、对年营业额低于17 500欧元的企业和部分中小微手工业企业免征营业税、对落后地区的新建企业免收5年营业税等。

8.2.2.3　优化组织框架

一是建立官方扶持组织。德国政府经济部专设中小企业局，设立8个处，并在各州设有各自的中小企业分局。联邦政府中小企业局主要职责包括制订扶持中小微企业发展的计划、研究中小微企业相关政策、监督法律法规及有关政策的实施和落实、积极推进中小微企业之间的经济和科研合作等。成立联邦卡特尔局，贯彻德国政府"限大促小"的政策方针，严防大企业通过垄断优势打压及恶意兼并中小微企业。德国联邦研究部建立"示范中心"，为中小微企业技术转让提供帮助，并提供最新的研究成果和研究动态。

二是鼓励建立多样化的社会服务组织。在政府机构的支持下建立多种商会及协会，提供信息中介、企业咨询、人员培训等专业服务。建立多种形式的技术研究协会，提供各种鼓励技术创新科研基金。建立大量高新技术企业孵化中心，推动产学研联合。

8.3　印度中小企业的发展动态

8.3.1　印度中小微企业的发展概况

经历了20世纪80年代的经济政策调整和90年代初期的经济改革后，印度逐步加快了经济发展步伐。中小微企业持续成长对印度经济后起直追起了重要的助推作用。截至2017年末，印度共有5 580万家中小微企业，创造了近1.24亿个工作岗位，贡献了31%的国内生产总值和45%的出口。中小微企业对本地和国际供应链与价值链升级至关重要。2013—2016年中小微企业所创造的增加值年均增长8.9%，高于同期GDP增速3.5个百分点。印度中小微企业超过半数位于农村（59.5%）；多数从事服务业

（79%）；绝大多数未登记在册，非注册企业占85.3%（见表8-3）。

表8-3　印度中小微企业分布

区域	行业	是否注册
农村：59.5%	制造业：21%	注册：14.7%
城市：39.5%	服务业：79%	非注册：85.3%

资料来源：根据IFC官方网站（https://www.ifc.org/）相关资料整理得出。

由于金融需求、销售时间表、目标客户市场等因素的差异，中小微企业政策及贷款举措等需根据企业所属行业及规模而定。例如，制造业与服务业存在巨大的差异，需要考量。制造业构成多元，有手工制造的工艺品，也有高精度的器械工具；而服务业包括旅游和酒店管理、基于交易的零售行业以及基于知识的商务外包和信息技术。印度中小微企业主导的行业包括零售业、食品业和纺织业（见表8-4）。

表8-4　中小微企业的前五大行业分布

	零售	食品和饮料	服装穿戴	机动车维护	纺织
所属行业大类	服务业	制造业	制造业	服务业	制造业
数量占比	46%	6%	5%	4%	3%

资料来源：根据IFC官方网站（https://www.ifc.org/）相关资料整理得出。

早在2014年，世界银行对印度9 281家企业展开了微观调研。数据显示[①]，印度小微企业运营绩效表现良好。小微企业产能利用率为81.5%，高于南亚5.7个百分点；实际年销售增长率为3.1%，高于南亚2.6个百分点；年雇佣人员增速为5.2%，高于南亚0.3个百分点。亚洲开发银行数据显示，初创期企业占中小微企业的29.4%，成长期企业占31.8%，成熟期企业占38.8%。

实际上，印度政府对中小微企业的界定因企业产业属性而异，依据2006年的中小微企业发展法案，形成了表8-5所示的企业分类标准。制造业部门将对工厂和机械的投资额低于150万美元的划为中小微企业，服务业部门则基于设备的投资额度划分，将低于80万美元划为中小微企业。在中小微企业中，印度微型企业占95%，小型企业占4.9%，中型企业仅占0.1%；独资企业占93.8%，合伙制占1.5%，其他类型占4.7%；私营企业占98.9%，国有企业占0.2%，其他占0.9%。

---

① 世界银行2013年6月至2014年11月调查了印度9 281家企业。

表 8-5　印度中小微企业划分标准

企业类别	制造业部门	服务业部门
	对工厂和机械的投资额	对设备的投资额
微型企业	不超过 4 万美元	不超过 1.5 万美元
小型企业	4 万美元至 80 万美元	1.5 万美元至 30 万美元
中型企业	80 万美元至 150 万美元	30 万美元至 80 万美元

注：根据 IFC 官方网站（https：//www.ifc.org/）相关资料整理得出。印度中小微企业划分标准在 2018 年发生了调整，由于样本调查开始于 2013 年，所以采用 2006 年版本。

8.3.2　印度中小微企业的融资动态

印度中小微企业的发展离不开金融体系的支持。相对于其他发展中国家，印度的金融体系主要有以下特点：一是金融机构较为完善。印度有着以公立银行为主导、私人银行和外资银行共同竞争的银行体系，以及微型金融公司、基建融资公司、资产重组金融服务公司等构成的非银行金融机构。二是利率市场化程度较高。商业银行有自主定价权，印度已于 2011 年完全实现利率市场化，印度央行主要依靠公开市场操作施行货币政策，利率市场化定价机制和传导渠道基本完善，商业银行可根据资金市场的供求关系和自身经营目标自行确定存贷款利率。三是正规金融与非正规金融多种形式并存。在印度，许多非正规金融中介机构都有注册或者由印度储备银行进行监管。

与德国不同，融资问题是印度中小微企业面临的最大挑战。基于世界银行调查数据的分析，从金融供给、融资需求和融资结构看，印度中小微企业融资基本呈现出以下三个方面的典型特征。

第一，正规金融供给有限导致印度中小微企业融资缺口较大。2017 年印度中小微企业可决债务需求为 5 650 亿美元，而正规金融部门合计只能供给信贷资金 1 680 亿美元，所以中小微企业仍面临 3 970 亿美元的信贷缺口，其中制造业缺口占 49.5%，服务业占 50.5%。表 8-6 显示不同规模企业面临的融资约束简况，如能获得银行贷款的中型企业比例为 23.5%，小型企业仅为 16.3%。阻碍印度中小微企业获取正规金融资源的三大需求端的因素包括信息不对称、缺乏担保及企业隐匿的融资行为无法核实等。金融供给端主要存在四大约束，包括交易成本高、风险偏好低、缺乏产品创新及过时的风险评估程序。

表8-6　印度不同规模的企业面临的融资约束　　　　　　　　单位：%

企业类别	获得银行贷款的企业比例	抵押品与贷款价值比	贷款拒绝率
小型企业	16.3	241.7	11.4
中型企业	23.5	275.3	16.9
大型企业	29.5	219.4	6.2

资料来源：根据 IFC 官方网站（https：//www.ifc.org/）相关资料整理得出。

第二，小型、微型企业面临的信贷缺口更为严重。在中小微企业样本中，微型企业信贷缺口占31%，缺口需求比为68%；小型企业信贷缺口占65%，缺口需求比为78%；中型企业占4%，缺口需求比为31%。小型和微型企业分别构成了59%和32%的可决债务需求，然而80%的小型企业、75%的微型企业未能被正规金融满足，微型企业面临的缺口更低是因为印度微型金融提供了更好的服务。

第三，印度中小微企业的债务需求猛增。根据企业的长期资本支出与短期运营费用测算，2017年，印度中小微企业的债务与权益融资总需求估计为1.4万亿美元，其中债务融资需求1.07万亿美元，权益融资需求0.28万亿美元，债务权益需求比为3.8。据估算，70%的债务融资需求是为了满足运营资金的需要。与2010年相比，印度中小微企业的债务融资需求增长了1.06倍，其大幅上升一方面是源于经济体量的增大，另一方面是从2012年开始印度承认部分服务型微型企业对经济的贡献，这部分新增统计产生了1 140万美元左右的债务需求。

上述总债务融资需求并未考虑正规金融部门的服务门槛，实际上并非所有寻求融资的企业都能够立即或在近期（1~2年）被正规金融部门服务。如果考虑正规金融的服务门槛，排除向非正规金融渠道融资以及近期无法满足正规金融要求（刚成立不久、缺乏业务记录或接近倒闭）的企业，可以估算出一个可决债务需求（Addressable Debt Demand）。

表8-7　可决债务需求（ADD）的排除项

	微型企业	小型企业	中型企业
每年成立的新企业比率	19%	19%	19%
每年企业关闭的潜在比率	16%	16%	16%
自愿排除比率	25%	—	—
总排除率	61%	36%	36%

资料来源：根据 IFC 官方网站（https：//www.ifc.org/）相关资料整理得出。

表 8-7 中，36% 的中型企业、36% 的小型企业和 61% 的微型企业的债务需求被认为缺乏可靠的信用支撑。即使非正规金融利率更高，服务业部门比如很小的零售贸易和维修店，因资金需求的紧迫性，偏好从更为便利的非正规渠道融资，这类微型企业占 25%。排除无足够正规信用支撑的债务需求，对正规金融的可决债务需求为 0.57 万亿美元，占总债务需求的 53%，并呈现以下特点。

一是微型企业可决需求占比远低于数量占比。分规模看，微型企业可决债务需求占比为 32%，小型企业占比为 59%，中型企业占比为 9%。微型企业可决债务需求占比似乎与微型企业数量占比（95%）不匹配，主要是因为这些企业往往用现金交易，使得正规金融机构无法追踪其财务明细并评估其信誉情况，同时由于规模偏小以及购买的是权宜性的设备，使得这些企业无法提供足够不动产作抵押。

二是制造业可决债务需求占半壁江山。制造业中小微企业虽然数量不多，但贡献了近 33% 的制造业产出，平均的可决债务需求估计为 2.3 万亿美元，占比达 47%，第一主导行业服务业只约占 50%。制造业与服务业可决债务需求的前五大细分行业如表 8-8 所示。零售服务、食品和饮料制造的可决债务需求占比最高。

表 8-8 制造业与服务业可决债务需求的前五大细分行业

	食品和饮料制造	纺织制造	基本金属制造	非金属矿物制造	穿戴制造
需求占比	9.3%	4.9%	1.6%	1.5%	1.5%
	零售服务	其他服务活动①	支持或辅助交通与旅游代理服务	其他商业活动②	机动车维护
需求占比	13.4%	5%	2.4%	2%	1.6%

资料来源：根据 IFC 官方网站（https：//www.ifc.org/）相关资料整理得出。

支持中小微企业成长的印度金融结构呈"非正规金融为主体，正规金融以银行为主导"的特征。印度对中小微企业的金融供给格外依赖非正规金融。2017 年，印度正规与非正规金融部门合计供给 1.1 万亿美元资金给中小微企业，其中非正规金融部门 9 320 亿美元，占比高达 84%。

---

① 主要包括：农业、狩猎及相关服务活动，林业、伐木及相关服务活动，以及计算机及相关活动。

② 指 NIC 2004 的第 74 部分所涵盖的活动，包括法律、会计、咨询、广告、劳务招聘、摄影、包装等。

在正规金融方面，主要表现为以下特点：一是正规金融中银行占据绝对主导。印度商业银行包括公立银行、私营银行和外资银行（见表8-9），贡献了80.7%的正规金融资金供给，区域农村银行与城市合作银行等小型银行仅贡献了5.2%。

表8-9　不同类型银行的融资供给分解　　　　　单位：10亿美元

	公立银行	私营银行	外资银行	其他银行	合计
资金	84	47	4.5	8.7	144.3
占正规金融比例	50%	28%	2.7%	5.2%	85.9

资料来源：笔者根据IFC官方网站（https：//www.ifc.org/）相关资料整理得出。

二是公立银行提升了融资可获得性。公立银行网点覆盖广泛，分支机构数量占全国银行总数的65.8%（见表8-10）。为履行政府义务，即使在私营银行认为不适宜商业的低收入地区也有公立银行网点覆盖。

表8-10　印度银行分支机构统计　　　　　单位：家，%

银行类型	分支机构数量	份额
公立银行	91 445	65.8
私营银行	24 661	17.8
小型银行	22 482	15.1
外资银行	288	0.2
合计	128 835	100

资料来源：根据IFC官方网站（https：//www.ifc.org/）相关资料整理得出。

三是非银金融机构服务价格较高。非银金融机构的信用供给规模为235亿美元，占正规金融的14%，能够填补银行服务的空白，尽管收取了更高的利率，获取高达8%的利差（银行利差通常只有4%~5%）。中小微企业也愿意支付更高的利率，以更快获得贷款并定制更为贴切的营销活动。因为结构灵活且比银行更精于服务细分市场，非银金融机构日益成为重要的借贷市场参与者。非银金融机构的信贷供给大量增加，贷款权益比增长了3倍。与银行根据企业的资产负债表、账户以及担保作出信贷决策的思路不同，非银金融机构更看重现金流、成长潜力而非不动产担保。在许多情况下，非银金融机构为偏远的中小微企业提供服务，收取的价格相对较高。此外，非银金融机构因不受担保计划保护对违约保持着更高的规定，风险溢价要求也会更高些。

四是非银微型金融机构覆盖率较高。非银微型金融机构（MFI-NBFCs）聚焦于为微型企业人群提供服务。2012 年，监管部门正式将微型金融（MFI）纳入非银金融机构的监管视野，促使印度储备银行能够核实其贷款利率和资本流入。根据印度储备银行的规定，85%的非银微型金融机构的贷款应分配给低收入人群，即农村地区年收入不超过 923 美元、半城市化地区年收入不超过 1 846 美元的借款人，单笔贷款额不能超过 770 美元。目前，MFI-NBFCs 服务的客户群占整个 MFI 的 87%。

在非正规金融方面，呈现以下特点：一是未注册的非正规金融规模庞大。非正规金融资金包括机构来源如欠条资金和高利贷市场，以及非机构来源如亲戚朋友。印度注册的欠条资金市场规模为 50 亿美元，但未注册的规模估计超过 5 000 亿美元。印度的欠条资金市场近年来增速保持在 10%～15%，40%～45%的借款人是中小微企业主。源自注册欠条资金机构的信贷仅占流向中小微企业非正规金融资金的 1%，剩下的 99%因源自未注册的欠条资金机构、高利贷、亲戚朋友等而未进入账户统计。

二是非正规金融市场异质性较强。欠条资金机构贷款规模介于 1 500 美元至 80 万美元之间，平均规模为 4 000 美元，平均期限为 25 个月，年化贷款利率在 12%～14%，低于介于 12%～20%的银行贷款利率，也低于介于 36%～200%的高利贷利率。欠条资金市场发放贷款的时间一般为 2—3 个月，而银行则为 2—4 周，高利贷则会立即放款。亲戚朋友是中小微企业重要的融资来源，基本上以很低成本或不计成本立即借款，并且无须任何担保。向亲朋好友小规模借款在企业早期创业阶段较普遍，对于更大规模的借款，由于不受贷款条款限制，即便需要付出更高成本，有的中小微企业也会转向高利贷。

8.4 印度支持中小企业发展的融资政策

8.4.1 推行支持中小微企业的普惠金融政策

一是利用政策性银行提供优惠贷款。印度小工业开发银行是印度中小企业政策性金融支持体系的核心，它由印度政府设立，是隶属于印度中小微工业部的政策性银行，下辖 103 个分支机构，联合地区金融公司和小型工业开发公司等为中小微企业提供直接和间接贷款支持。根据印度中小微企业部的统计，政策性银行对中小微企业的支持力度较大，约有 35% 以上的印度中小微企业贷款由政策性银行提供。政策性银行对一些政策支持行业的贷款利率给予一定的下浮，对其他行业的贷款利率一般略高于基准贷款利率，但低于商业银行的贷款利率。

二是推出优先部门贷款标准（PSL）指引。印度储备银行规定银行对"优先部门"（主要指第一产业、小微企业、出口类企业、政府住宅贷款项目等）的贷款发放比例需满足强制性要求。2013 年，PSL 标准要求，银行需直接或间接地向中小微企业配置一个可观的信贷组合份额，具体为 40% 的可调整净银行信贷额。2015 年，印度储备银行根据优先部门借贷委员会的建议，修订 PSL 指引，要求 7.5% 的银行账面总贷款直接划分给微型企业或间接划分给微型金融机构。

三是建立中小企业信用担保基金，以提供贷款担保。印度政府联合印度小工业开发银行成立中小企业信用担保专用基金，向不超过 2 000 万卢比的中小微企业营运资金和设备贷款提供担保。担保企业每年只需缴纳少量的服务费，其他的担保费用由银行代为缴纳。针对不同类型的中小微企业和不同的贷款金额，担保基金的担保比例有所差异，总体与担保金额成反比，其中贷款金额不超过 50 万卢比的微型企业可获最高担保比率，即 85%。截至 2017 年底，该基金共支持了约 297 万份担保方案。

四是成立中小微企业评级公司，以提升融资可得性。印度中小企业评级公司（SME Rating Agency of India Limited，SMERA）正式成立于 2005 年 9 月，是由印度小工业开发银行、邓白氏印度信息服务有限公司联合其他几个主要的银行发起的。作为印度唯一一个主要集中做中小企业信用评级的机构，SMERA 的主要目标是为中小企业提供全面、透明、可靠的信用评级，使更多资金更容易地从银行业流到中小微企业。此外，政府还对中小微企业的评级收费进行补贴，最高可达 75%。中小微企业面临的评级费最低时仅为 11 000 卢比。

五是完善数字普惠金融的基础设施平台建设，提高普惠效率。作为"数字印度"项目的一部分，印度政府建立了普惠金融综合平台（India Stack），整合了许多数字化技术措施。其核心要素在于提升政府转移支付的效率，同时也着力于消除获取金融服务的各种障碍。India Stack 是一个开放式数字基础设施平台，整合了不同经济领域的各项服务。它有 4 个技术特征：其一，非现场化，利用数字身份证（Aadhaar），实现对个人和企业的远程实时识别和验证；其二，无纸化，由"数字锁"和"数字签名"构成，实现了主体间资料共享和合同签订的数字化操作；其三，去现金化，以最新研发的"统一支付界面"为基础，实现了所有银行账户和手机钱包之间的实时、跨平台支付；其四，知情同意，逐步实现在个人知情同意的情形下，自主决定哪些主体可以访问自己的数据。

8.4.2　塑造有利于中小微企业融资的配套环境

一是提供中小企业融资立法支持。首先，建立基础法案支持中小企业发展。印度政府于 2006 年 6 月出台《中小微企业发展法案（2006）》（*MSME Development ACT* 2006），对中小微企业的发展起到了里程碑式的作用。2006 年版的法案首次定义了中型企业，并细分了中小微企业认定标准，对中小微企业的融资需求和政府保障等作出详细规定。根据该法案成立的国家中小微企业委员会负责审查影响促进中小微企业发展的因素及现有的政策和方案，并在制定促进中小微企业发展的政策和方案时向政府提出建议。其次，出台配套法规体系进一步补充基础法。以中小微企业发展法案为基础，围绕中小微企业发展需要，印度不断完善现有法规体系。如为解决中小微企业应收账款难题，2011 年通过《应收账款转让监管法案》；2015 年对《中小微企业发展法案（2006）》进行修订，提出有必要对破产或资不抵债的中小微企业进行特别豁免，以便它们有机会重组或恢复其业务；2016 年修订的《清算和破产法典》也增加了有利于中小微企业发展的条款。

二是适时修订中小微企业划型标准。为适应经济形势的变化、提升划型的实用性，印度政府在 2015 年和 2018 年对 2006 年版中小微企业划分标准进行了修订（见表 8-11）。2006—2017 年，印度年均通胀高达 7.5%，工厂以及机械设备的成本急剧上升，为投资新机器获取新技术，中小微企业的投资额被迫超出《中小微企业发展法案（2006）》规定的投资门槛，结果是无法享受法案规定的政策性补贴与利益。在这种情况下，印度下议院 2015 年 4 月提出《中小微企业发展法案（修订）》草案。主要的修改内容包括：①工厂或机械（制造企业）或设备（服务企业）的投资限额可有所增加。②中央政府可以通知形式将这些投资限额更改为指定限额的 3 倍。③根据该法案，中央政府可以将微型、小型或乡村企业重新划分为小型或中型企业。2018 年 2 月，联邦政府批准了一项基于年度收入重新定义微型和中小型企业的提案。根据新定义，销售收入达 80 万美元上限的企业为微型企业，收入在 80 万美元至 120 万美元的视为小型企业，收入在 120 万美元至 400 万美元的归为中型企业。根据营业额而非工厂和机器投资对中小微企业进行分类主要是由于收入数据更容易获得，以及可以根据商品和服务税收（GST）平台提供的数据进行验证，实现更可靠的中小微企业分类。此外，将新的中小微企业划型与直接税收方案相统一，并用于金融机构的信息验证，可以更好地促进中小微企业融资。

表 8-11　印度中小微企业划分标准变化

	2006 年版	
企业类别	制造业部门	服务业部门
	对工厂和机械的投资额	对设备的投资额
微型企业	不超过 4 万美元	不超过 1.5 万美元
小型企业	4 万美元至 80 万美元	1.5 万美元至 30 万美元
中型企业	80 万美元至 150 万美元	30 万美元至 80 万美元
	2015 年草案	
企业类别	制造业部门	服务业部门
	对工厂和机械的投资额	对设备的投资额
微型企业	不超过 8 万美元	不超过 3 万美元
小型企业	8 万美元至 160 万美元	3 万美元至 75 万美元
中型企业	160 万美元至 450 万美元	75 万美元至 240 万美元
	2018 年批准提案	
	销售收入	
微型企业	不超过 80 万美元	
小型企业	80 万美元至 120 万美元	
中型企业	120 万美元至 400 万美元	

资料来源：根据 IFC 官方网站（https：//www.ifc.org/）相关资料整理得出。

三是针对薄弱环节提供直接政府支持（见表 8-12）。印度政府于 2012 年发布微型和小型企业公共采购政策令，要求除国防以外的中央部门和国有企业每年向中小企业采购 20% 的份额，并针对少数民族和偏远山区特别保留 4% 的采购额度。为有效落实政府的采购政策，中小微工业企业部于 2017 年 12 月 8 日建立了公共采购门户网站。

四是建设完备的基础设施（见表 8-12）。2014 年印度政府将中小微企业视为全国政策关注的重点对象，推出了"多方利用相关者"项目、"印度制造"计划，旨在鼓励投资、培育创新、保护知识产权以及建设一流的制造型基础设施。为呼应"印度制造"计划，2016 年 1 月启动了"印度创业"行动，通过提供资金支持、产学研合作以及孵化方案，实现国家创新和创业系统的培育。农村发展部推出农村版"印度创业"行动，针对各行业自主创业人群提供基本技能培训、贷款便利和孵化中心。为解决中小微企业不能及时收到大企业和政府的应付款项这一问题，印度储备银行建立应收账款贴现系统，在这一电子化平台上，中小微企业可以通过拍卖手头上的应收账款获得融资。

表 8-12　印度中小微企业成长的有利环境

法律与监管框架	直接政府支持	基础设施支持
中小微（修订）法案（2015 年）	补贴	信用信息公司
金融资产证券化和重建以及担保物权法（2002 年）	公共采购	抵押登记处
部门借贷优先规定（2011 年）	信贷担保计划	中小企业资产重建公司
应收账款转让监管法案（2011 年）		应收账款贴现系统
公司法（2013 年）		共同服务中心
清算和破产法典（2016 年）		

资料来源：根据 IFC 官方网站（https：//www.ifc.org/）相关资料整理得出。

8.5　本章启示

本章选取了一个发达国家（德国）与一个发展中国家（印度）作为考察对象，前者的金融结构是以银行为主导的间接融资体系，后者金融结构中呈现出正规金融与非正规金融相互补充的状态。在德国，中小微企业融资问题已经得到基本解决，而在印度，融资问题仍是中小微企业发展的重要掣肘。两国政府在扶持中小微企业发展方面已建立了一套独特的逻辑思路与行动框架，构成一套较为有效的普惠金融体系，值得我国借鉴。结合德国、印度中小微企业融资支持经验，得到以下启示。

8.5.1　培育有利于中小微企业成长的环境

一个完善有利的环境意味着在市场上形成一系列相互一致且具互补性的干预机制，对中小微企业的成长与发展至关重要。它可以缓解"市场失灵"，帮助中小微企业家保持热情与创新，同时给予金融机构必要的信心。德国和印度的经验表明：有利的环境由法规、政策和基础设施支持构成。

一是建立"基础法+配套法"的完备法律体系。为促进中小微企业持续稳健发展，德国设有《德国复兴信贷银行法》等，印度以《中小微企业发展法案》为其基本法，出台配套法，彼此呼应，互为补充，构建了一个有机联系的较为完备的法律体系（Singh 和 Wasdani，2016）。所以，我国应尽快健全构建完整的中小微企业法律框架，围绕《中小企业促进法》，完善中小微企业融资方面的法律条款，设定政府部门的工作目标和要求标准、开发性金融机构中小微企业融资部的行为框架、担保性金融机构的运行机制等。同时，着手出台并健全与之相配套的信用担保、融资服务、政策性金融等方面的法律法规，从法律地位上肯定和支持中小微企业的发展。

二是探索形式多样的直接支持机制。税收优惠、采购倾斜、针对性的补贴以及信贷担保风险补偿是德国、印度最常用的直接支持方式（Pachouri，2016；Schwartz，2017）。我国可以借鉴相关经验，制订中小微企业税收体制优化方案，通过税制改革，增加政府政策性资金支持力度，促进中小微企业提高研发及设备投入、进行制造技术升级。设立针对中小微企业的政策性扶持基金，对为中小微企业提供服务的中介机构予以财政补贴。可以设立专门管理中小微企业的管理局，探索直接的财税支持机制，并督导相关扶持政策落到实处。工信部、商务部等部门可以牵头建立全国性的中小微企业信息服务平台，解决信息不对称问题。引入社会力量设立中小微企业咨询服务机构，鼓励建立多层次社会组织，加大政府部门与民间组织机构的合作力度。

三是推动金融基础设施的电子化、智能化与共享化。德国建立了担保银行和公私信用信息系统并存的信用评级体系，印度设立了抵押登记处、共同服务中心，以解决中小企业面临的担保品不足及信息不对称问题，并非常重视电子化基础设施建设（Zimmerman，2018），如建立应收账款贴现系统电子化平台。我国也应提高公共服务意识，重视中小企业信息服务平台、信用信息平台的电子化、智能化建设，提升金融基础设施的覆盖面及共享能力。

8.5.2 构建完整的普惠金融服务链条闭环

除积极发挥传统的政策性银行、商业银行普惠金融事业部及担保等组织机构的功能外，我国还需强化评级机构及小微金融机构的建设。

一是成立专门的中小企业信用评级机构。我国中小企业存在经营管理随意性较大、制度建设落后、财务不透明等现实问题，为贷款类金融机构的信用评级工作带来巨大的障碍，而中小企业资金需求小额分散的特点又使得贷款类金融机构对中小企业的信贷投放收益较低。针对中小企业信用评级的特殊性，可参照印度 SMERA 公司模式，成立专门针对中小企业的信用评级机构，为贷款类金融机构的信贷投放工作提供外部信用评级支持，有效改善当前中小企业和贷款类金融机构间信息不对称的局面。在社会信息信用机制建设上，可以借鉴德国中小企业融资体系的信息共享体系，促进中小企业的资金流与信息流的匹配。

二是进一步推动微型金融机构的发展与规范管理。印度微型金融机构纳入非银金融机构管理后，极大地推动了微型金融服务的有序发展。在我国，各地区小额信贷机构与印度微型金融有着类似的设立初衷，但目前出现了一些不规范问题，如贷款利率太高，甚至存在暴力收款现象。因此，需要进一步规范和发展现有小额信贷机构，要求所有小额信贷机构在央行等金融机构注册并接受其监管，保障一定比例的信贷资金能有效流向小微企业。

9 普惠金融支持中小企业的
国内经验

9.1 小行数智赋能：特色小微金融经验

小微金融业和民营银行业一直盛行着"全国看浙江，浙江看台州"的说法，"台州模式"成为我国民营银行改革、治理的一个样本标杆。台州银行、泰隆银行和民泰银行等是"台州模式"的典型代表。截至 2019 年末，台州小微金融服务覆盖面达 80% 以上。"台州模式"凭借数字化、智能化的信用信息解决方案，打造特色鲜明、行之有效的小微金融服务体系，在不可量化、难证实和难传导的"软信息"处理方面形成了比较优势，获得了理想的经营绩效表现，得到了中国人民银行、中国银保监会及社会人士的充分肯定。这一模式通过台州城商行异地设立分支机构、发起设立村镇银行、组建培训学院等方式实现了机构和人才的"走出去"，已成功复制到多个省市，为全国小微金融服务提供了借鉴。

"台州模式"主要做法有以下三点。第一，形成基于信用保证基金的担保机制。台州小微企业信用保证基金是首个地级市的信用保证基金，是台州市政府为破解中小企业抵押担保品缺乏、互保严重等问题而构建的。信用保证基金是一种风险分散机制，在抵押担保不完善的情况下，通过补偿部分违约损失，来引导金融机构增加中小企业的资金供给。相较其他的抵押品担保，政府介入是信用保证基金的重要特征。公共选择理论表明，相比指导性贷款方式，信用保证基金成本更低、效果更佳，因为该模式以发挥市场机制为前提，政府则充当了多方风险共担机制的维护者。台州信用保证基金于 2014 年成立，初设规模为 5 亿元，其中政府出资 4 亿元、商业银行 1 亿元。信用担保基金服务对象为优质成长型小微企业，担保金额限制在 500 万元之内。台州信用保证基金具备非营利性和准公共产品属性，实施法人治理结构。为尽可能降低中小微企业的融资成本，严格控制信用担保费率不超过 1%。台州银行、泰隆银行、民泰银行等 7 家金融机构作为台州市信用担保基金的首期出资合作的金融机构，积极践行这一模式。在初设的第一年，台州信用保证基金就为小微企业签发了 400 余份担保函，承保金额超过 8 亿元。

第二，搭建高度融合的金融服务信用信息共享框架。因无法有效获取小微企业经营的真实、客观情况，信息不对称成为小微企业难以顺利得到金融机构授信的主要障碍。"台州模式"之所以如此成功，与金融服务信用信息共享平台密不可分。这一平台由台州市金融办以及人民银行等机构牵头构建以管用、有用、有效为核心，将分散在金融、工商、公安、财税、法院、国土、社保、市场监管、电力、质检等 15 个部门、81 个大类、1 100 个细项、7 474 万条的信用信息进行整合汇集，实现了对全市 53 万多家市场主体的全覆盖。金融机构仅需登录指定的账号即可高效查询小微企业信息，大大降低了信息搜寻的成本和时间。因信息通过前端自动融合，有效规避了数据造假的可能性，以便于金融机构作出科学且合理的授信决策。平台自带的评价与培育系统实现了小微企业的自动评级，为金融机构授信指明了方向。同时，平台的信用立方、正负面信息、不良名录库、评分评级、经济分析、诊断预警等功能使金融机构可以轻松查询企业多方关联关系，有效缓解企业信息失真、金融机构跨部门获取信息难、部门信息共享难等问题，促使企业在信息网络中成为"透明人"（王立平，2017）。另外，通过多年的探索，形成了"三品三表"的信贷风控模式，针对民营、小微企业，主要考察"人品信不信得过、产品卖不卖得出、物品靠不靠得住"三品，核实"水表、电表和海关报表"三表，通过交叉信息验证，获得客户的真实融资需求，以制订个性化金融产品和专属金融服务方案。

第三，按需定制金融产品和专属金融服务方案。"台州模式"为小微企业量身定做金融产品，先后推出"小本贷款""丰收小额贷款卡""SG 泰融易""民泰随意行""小微企业互助合作基金贷款"等 60 多个创新产品，多样化中小企业信贷综合服务。同时，利用数字科技，开发"掌上办贷"数字普惠金融平台，形成银企双向选择机制。平台集合了 43 家银行等金融机构 81 种小微金融产品，企业可根据条件搜索、产品比选、智能推荐等方式对接合意的金融产品，银行等金融机构通过融资监测、"抢单"等方式，完成银企合作的"最后一公里"。另外，结合中小科创企业缺乏传统抵押资产的困境，先行先试开展无形资产权利质押融资试点，在全国率先成为国家工商总局批准的商标专用权质押登记受理点。为提高服务小微企业的精准性，"台州模式"注重服务重心的下沉，持续扩大小微企业金融服务专营机构和社区支行的覆盖面。截至 2020 年 8 月，台州市已设立小微企业金融服务专营机构 350 余家，设立社区支行 100 多家，且普遍布局至乡镇、城郊。

9.2 大行比较优势：普惠金融事业部经验

大中型商业银行设立普惠金融事业部，构建条线型垂直化管理模式，是中国弥补金融服务短板、增加普惠金融供给的一个特色性突破。2017年，11 个部门印发了《大中型商业银行设立普惠金融事业部实施方案》，动员大中型商业银行通过建立专门机制，构建普惠金融业务的垂直式管理来推进中小微金融服务。中国工商银行的普惠金融事业部具有典型性，本书以此为例（谷澍，2019）。

中国工商银行在资本实力、资产规模和利润占比等方面具有很好的表现，但在立行之初，20 世纪 80 年代，它的主业是为包含个体经济在内的中小企业办理工商信贷业务。2017 年，中国工商银行成立了普惠金融事业部，创建了单独的信贷管理体制、资本管理机制、会计核算体系、风险拨备与核销机制、资金平衡与运营机制、考评激励约束"六单"机制，以提升中小微金融服务水平。

中国工商银行在普惠金融事业部建制下，到 2019 年 7 月，成立了 258家小微中心，累计投放贷款 9 万多亿元，以"头雁效应"激活"群雁活动"，带头推动大中型商业银行开展普惠金融活动，其主要做法可归结为以下三方面。

第一，"信贷+非信贷"双轮驱动，创新中小微金融综合服务体系。普惠金融事业部"专门做"+"专业做"普惠业务，通过配置专项信贷资源和设计专属信贷产品，精准导向资金流向，例如，推出小企业周转贷、网贷通、经营快贷、小额便利贷等产品以满足小微企业的短期融资需求。在提供信贷融资服务的同时，考虑到中小微企业不同生命周期阶段的金融需求差异，创新提供了支付、结算、理财、交易、信息咨询与风险管理等全生命周期的金融服务。为畅通金融产品与服务，工行创新了多种服务模式，组织进园区、进市场、进企业、进农村等营销推介活动，形成"银行+政府+村委+企业（农户）""银行+担保+企业""银行+产业链核心企业+中小企业"等合作形式，助力中小微企业成长。

第二，"线上+线下"紧密联动，推动普惠金融服务便利化。工行建立了开户与基础业务的"一站式"办理模式，在 2020 年累计服务小微企业近 200 万户。客户通过"线上预约、线下面签"，只需到网点一次，就可以轻松完成开户。线上融资产品多样，包括信用类"经营快贷"、抵押类"网贷通"、质押类"网上票据池质押融资"、交易类"数字供应链融资"等，为中小企业提供全流程线上服务，节约了大量的时间与成本。2020 年工商银行线上小微融资余额突破了 5 000 亿元，占全部普惠贷款余额的七成。线下继续发挥小微中心的服务优势，下沉审批权限，提高审批效率。例如疫情期间，上海某新冠病毒检测试剂盒生产企业从开户到放款仅用了 8 个小时。在其他服务方面，工行首创了个人资信证明、对公询证函等订单寄送式管理，探索了线上线下一体化服务新方式。以个人资信证明的订单寄送式管理为例，客户只需通过个人手机银行完成资信证明开立申请，基本能在 24 小时内收到资信证明。

第三，"获客+运营+风控"优势驱动，提升普惠金融可持续性。优化风险定价是普惠金融持续发展的核心。资金成本、运营成本和风险补偿等构成了基础定价。工行等大中型商业银行资本实力雄厚，社会信赖度高，资金来源主要是低风险偏好型人群的存款，资金成本相对较低。普惠金融事业部创新"六单"机制，借助智能机具与金融科技开展多元化运营，有助于降低运营成本。在风险补偿方面，工行利用大行的优势，已形成了包括账户、偏好、学历、交易流水、行为等基础数据库，结合征信、公积金、税务、司法等多维数据的多重交叉验证，建立的风控系统也较为完备，可以有效控制融资风险，降低风险补偿。此外，在服务中小微企业的监管导向下，工商银行基于较低的基础定价不会要求过度的利润空间，形成较低的风险定价，为中小企业成长注入低成本的资金，同时也促进普惠金融的可持续发展。

9.3　大数据应用：江西流水贷经验

流水贷是指商业银行以企业一段时期经营活动产生的账户收支交易流水为依据，为企业提供一定额度的无抵押、无担保的纯信用类贷款。传统企业收支流水主要作为申请贷款的一种佐证，而在流水贷中则发挥着信用风险评估功能。在江西，商业银行依托于中国人民银行南昌中心支行收支流水大数据征信平台，结合自身优势与地区特色，构建风险评估体系和信用评分标准，创设线上"流水贷"，例如，2020 年萍乡市中心支行开始试点基于企业收支流水的应收账款资产池融资，[①] 2021 年江西芦溪建设银行开发了"收支流水云贷"。

江西流水贷以企业收支流水等金融大数据的评估为主要依据，面向中小微企业，满足其在生产经营中的短期资金需求，是一款线上纯信用经营性贷款。中小企业仅需几小时就能完成审贷到放款的流程，发挥线上产品便捷优势。不仅如此，流水贷最主要优势是有效解决了部分中小微企业信息真实度低、贷款资金用途监管难等问题，在贷前、贷中和贷后，能利用大数据征信平台汇报的流水专项报告动态识别企业异常状态，开展风险监控。基于大数据征信的江西经验主要做法如下。

第一，以企业收支流水大数据征信平台为依托，形成专项报告和评分结果，破解信息不对称难题。企业收支流水大数据征信平台是中国人民银行南昌中心支行基于自身企业征信数据库、江西省小微客户融资服务平台与江西省中小微企业征信大数据融资服务平台等建设的基础上形成的。江西省小微客户融资服务平台是人民银行南昌中心支行组织开发，主要发挥小微企业客户融资需求归集与对接功能。江西省中小微企业征信大数据融资平台包含但不限于中小微企业（个体户或个人）的基本信息、经营信息、财务信息、发票信息、借贷信息、税务信息、工商信息、社保信息、公积金信息、海关信息、电力信息、司法及警示信息、社会化信用信息、银行流水信息、征信信息、交通违章、教育信息等数据信息。相较而言，企业收支流水大数据征信平台专门归集企业营业收入资金、负债类资金、预付款、保证金、营业成本、费用开支、税收等收支流水信息，通过生产经营规律、财务稳健性、上下游关系、实际控制人等方面的分析，基于大数据的运营逻辑与风控模型，提供企业收支流水专项报告，帮助商业银行开发中小微企业金融产品与风险定价。截至 2020 年 10 月末，企业收支流水大数据征信平台已经收集了江西省 329 万户企业的 5.0 亿余笔交易记录[②]。

第二，以优质的应收账款组成资产池，形成中小企业、担保公司与银行三方合作的供应链融资方式，缓解抵押品不足问题。依托收支流水大数据征信平台，利用融资企业的收付流水与采购商收支流水，开展财务稳健、

---

① 资料来源于王地宁发表在《金融时报》上的《基于企业收支流水的应收账款资产池融资模式探索》。

② 数据是人民银行南昌中心支行行长张瑞怀在 2020 年 11 月 19 日人民银行举行"金融支持保市场主体"系列新闻发布会给出的，可见于搜狐新闻链接 https://www.sohu.com/a/433253501_237124。

偿债能力和关联交易等分析，排除关联交易方，筛选与融资企业形成稳定购销关系的优质下游采购商名单。融资企业向优质采购商销售货物产生的应收账款，经银行和担保公司认可后，可进入资产池中，发挥质押融资功能。鉴于一些银行尚未建立应收账款资产池质押融资机制，在江西流水贷的普惠金融实践中，引入了担保机构。融资企业将应收账款资产作为反担保工具，实现增信。依托应收账款资产池，实现"动态授信、随借随还"，例如，当企业与采购客户应收账款增加时，授信额度可以按比例提升。依托企业收支流水，回款账户实现"动态监测、异常预警"，确保贷款按期收回。

第三，以分支网点和银行手机 App 为门户，形成线上线下双轨联动，提高普惠金融服务效率。企业收支流水大数据平台、应收账款资产池、小微客户融资服务平台与商业银行经营服务系统等形成信息流与服务流的线上有机结合，为中小微企业提供融资便利。商业银行作为面向中小微企业的主要终端服务机构，一方面，搭建数字化经营场景 App，创新线上"流水贷"产品，在数据采集处理、需求登记归集、贷款审批发放等方面线上提速提质；另一方面，依托分支网点，结合企业收支流水专项报告等报告结果，挖掘辖区客户，有效支撑线上业务开拓。

9.4　保险助力：宁波小额贷款保证保险经验

小额贷款保证保险是指由借款人向保险公司按照贷款金额的一定比例缴纳保费或将企业信用作为保险标的投保，银行或小贷公司以此保险作为借款人还款能力的保证发放较低利率的小额贷款。若借款人未能如约偿还贷款，保险公司需依约向银行或小贷公司赔偿一定比例的贷款损失。浙江省宁波市于 2009 年 9 月率先开发了城乡小额贷款保证保险，首笔保单诞生在余姚，承保金额为 100 万元。自推出以来，宁波城乡小额贷款保证保险发展成效显著，2019 年全年累计支持 5 744 家次小微企业、"三农"和城乡创业者获得贷款 51 亿元。① 截至 2021 年 7 月，宁波的城乡小额贷款保证保险经验已在广东、湖南、黑龙江等多省市推广。宁波小额贷款保证保险的主要做法有以下三点。

---

① 资料来源于《宁波市经信局关于市十五届人大五次会议第 219 号建议的答复》，网址为：http://www.ningbo.gov.cn/art/2020/9/4/art_1229096049_2476571.html。

第一，共保和自营相结合，破解中小微企业融资难。宁波小额贷款保证保险有两种运营方式：一是"金贝壳"共保体方式。由人保财险与太平洋财险宁波分公司组建"金贝壳"共保中心，与工商银行、农业银行、中国银行以及宁波银行合作，以初创期小企业、农业种植养殖大户、城乡创业者为主要贷款对象。共保中心推出"金贝壳"系统，将银行与保险公司的业务端相连接，以提升贷款审批效率。二是保险公司自营方式。随着小额贷款保证保险的业务经验积累，保险公司开始开办自营业务。例如，太平洋财产保险于2014年末先后与余姚农村合作银行、鄞州银行、中信银行等11家商业银行签订合作协议，在2015年就受理了545笔小额贷款保证保险自营业务，承保贷款金额为6.7亿元。宁波小额贷款保证保险试点期间，贷款利率最高不超同期基准利率上浮30%的水平；保险机构可根据承保模式确定差异化费率，最高不超过贷款本息的3%，年化融资成本为9%左右①，以较低成本为中小微企业提供有效的金融支持。

第二，发挥政府扶持与市场运作的合力，促进小额贷款保证保险普惠中小微企业。坚持以市场运作为主导力量，利用保险的风险分担和转移功能，促进银行在小额放贷过程中降低风险，增加供给能力。同时，宁波市政府及相关部门为小额贷款保证保险提供了一系列支持政策，例如发布政策法规，明确小额贷款保证保险的风险补偿与奖励，规范与促进小额贷款保证保险发展。在2009年宁波市政府就出台了《关于开展城乡小额贷款保证保险试点工作的实施意见（甬政办2009-181号）》，相关部门先后印发《关于印发宁波市城乡小额贷款保证保险专项资金管理办法的通知（甬金办2012-38号）》《关于进一步加快推进城乡小额贷款保证保险发展的通知（甬金办2015-47号）》，建立小额贷款保证保险专项资金风险补偿机制。宁波市财政每年拨款1 000万元用于超赔资金，对保险机构赔付率超过150%后遭受的损失按照一定比例给予补贴。

第三，搭建风控防火墙，提升小额贷款商业可持续。风控是小额贷款保证保险能否成功的关键。除商业银行与保险机构自身从贷前、贷中与贷后过程中严格把关外，宁波小额贷款保证保险的发展还注重交互式风控管理。政府、银行与风险机构多维度搭建风控防火墙：一是建立信贷信息共享平台，加强信息交换和工作配合，银行与保险机构在信息共享、风险管

---

① 资料来源于发表在《宁波日报》上的《城乡小额贷款保证保险试点将开展》，网址为：http://daily.cnnb.com.cn/nrb/html/2009-07/21/content_103493.htm。

控、追索欠款等方面展开广泛而密切的合作。二是开通公安与司法服务"绿色通道"追讨欠款,严厉打击融资企业恶意赖账骗贷行为,以减少逆向选择与道德风险。三是建立贷款风险叫停机制和借款人失信联合惩戒机制,加强贷后风险管理。前者可及时清收高风险贷款,实现资产保全,后者通过形成失信名单,提升对借款人的约束力。

10 支持中小企业成长的普惠
金融组织体系建设

10.1 我国中小企业融资组织结构

中小企业融资难是一个全球性的问题，助力缓解这一问题的普惠金融发展历史相对较短，所以，我国支持中小企业成长的普惠金融组织体系目前尚处于发展完善阶段。以下从政府与市场两个方面，分析总结我国中小企业融资组织体系发展动态。

10.1.1 日益完善的政府职能

由于中小企业融资市场存在"市场失灵"和"干预失灵"，政府与市场之间的边界不断在寻找动态平衡，政府干预思路由早期的"政府干预为主"转为"市场配置为主，政府干预为辅"，扶持方式从最初的"一刀切"转为"有重点、有区别"的结构化方式，风险治理由"风险主要承担者"转为"风险共担机制的维护者"。当前，我国政府在中小企业融资组织体系中作用的定位是：在中小企业融资市场中为各参与主体顺利进行交易提供支持与保障，营造有利于中小企业发展的融资环境，建构公平、公正、公开的市场秩序。基于此，我国政府在中小企业融资体系中发挥的职能主要有以下三点。

10.1.1.1 制定政策法规以加强金融治理

通过出台政策法规来规范中小企业融资体系中政府部门、金融机构与中小企业等各经济主体的权责范围、融资办法和保障措施，确保不同发展阶段的中小企业融资需求可以得到有效解决。自 2010 年以来，政府已在服务中小微企业的金融机构、金融产品和服务、金融信用、金融风险防控和配套政策等方面形成日益完善的政策法规体系。

在完善金融机构建设上，陆续出台《关于 2015 年小微企业金融服务工作的指导意见》《关于做好 2017 年小微企业金融服务工作的通知》《关于 2021 年进一步推动小微企业金融服务高质量发展的通知》等，提纲挈领金融机构的功能定位与发展要点。例如，《关于 2021 年进一步推动小微企业金融服务高质量发展的通知》指出，各类金融机构在服务小微企业时要差异化定位，形成有序竞争、各有侧重的信贷供给格局。大型银行、股份制银行要发挥行业带头作用；地方性法人银行（含城市商业银行、民营银行、农村中小银行，下同）要回归服务地方、服务社区、服务实体经济的本源；开发银行、政策性银行要进一步健全完善转贷款业务治理体系；外资银行、非银行金融机构可根据自身业务特点和市场定位制定小微企业业务发展目标。

在鼓励金融产品与服务方式创新上，先后出台《关于金融支持小微企业发展的实施意见》《关于开展扶助小微企业专项行动通知》《关于完善和创新小微企业贷款服务提高小微企业金融服务水平的通知》《关于大力支持小微文化企业发展的实施意见》等，促进符合条件的小微企业专项金融债、小微企业创业投资引导基金、产业链融资、商业圈融资、企业群融资、中小微企业信用担保、动产质押融资、支付工具等金融产品创新，支持信贷投放、保险险种、中小融资担保、股权交易、信贷资产证券化等金融服务创新，以拓宽中小企业融资渠道。

在健全金融信用体系建设上，《关于进一步深化小微企业金融服务的意见》《关于 2021 年进一步推动小微企业金融服务高质量发展的通知》等政策法规提出要综合运用金融科技手段和信用信息资源，推动深化信用信息共享机制，强化公共信用信息的归集、共享、公开和开发利用，加强数据质量治理，在安全合规运用数据的前提下，为小微企业提供更便利的金融服务。

在做好风险防控建设上，出台《关于加强小额贷款公司监督管理的通知》《商业银行监管评级办法》《关于 2021 年进一步推动小微企业金融服务高质量发展的通知》以及各省市关于中小微企业信贷风险补偿资金管理办法等政策法规，鼓励拓宽对中小微企业不良贷款的处置渠道，加强续贷业务的风险监控，构建中小微企业信贷的风险补偿机制，防范化解金融风险。

10.1.1.2　完善政策性支持

发展服务中小微企业的政策性金融业务，如发展政策性银行、政策性保险、政策性担保等，以拓宽中小微企业融资、担保渠道，为中小微企业提供合理价格的融资服务，对缓解中小微企业融资难、融资贵问题发挥了积极作用。以进出口银行为例，为推进普惠金融业务，成立普惠金融事业部，与商业银行、产业集团、融资租赁公司、外贸综合服务企业、小额贷款公司和政府出资成立的公司合作，探索批发资金转贷多元形式，降低中小微企业融资成本。

开展中小企业融资相关的财政专项补贴、风险补偿、税收优惠、产品与业务创新奖励，发挥政策激励作用，引导各类金融资本和社会资本加大对中小企业的支持力度，切实解决中小企业融资难题。比如，本书前文提到的宁波小额贷款保证保险案例中，政府对银保合作面临的坏账损失给予了一定的风险补偿。

多地搭建综合金融服务平台，完善金融基础设施建设。例如，浙江省台州市建立了金融服务信用信息共享平台，截至 2020 年 11 月末，归集台州辖内金融、公安、税务、国土、电力、税务等 30 个部门 118 大类 4 000 多细项 4.08 亿条信用信息，实现对台州市 69 万多家市场主体信用的全覆盖。江苏省苏州市建立了地方企业征信平台，常态化采集财务报表、社保公积金缴纳、水电气缴费、知识产权和立案涉诉等信息，入库企业在 2018 年 9 月已达到 29 万家，有 1 800 多家中小企业获得"首贷"资金。苏州市还将本地数据与全国信用数据进行关联，利用亲缘算法开展穿透分析，形成信用风险灰名单。

10.1.1.3　防范化解重大风险

随着金融改革与金融发展的深化，我国金融监管体系日渐完善，已形成广覆盖、多层次的风险防控体系。从专业领域看，为中小微企业融资的金融机构有专业的政府部门监管，例如，中国人民银行、银保监会、证监会等，它们主要通过行为监管和功能监管，监督与纠偏金融机构行为，确保安全、稳健、高效地运行，同时它们建立并完善突发风险的发现、报告和处置机制，提高防范和化解金融风险的能力。从属地责任看，地方政府利用融资担保、风险补偿、贷款贴息、金融服务平台建设等措施，降低金融机构服务中小企业的风险。

10.1.2　多元互补的商业性组织体系

现阶段我国中小企业融资组织体系的基本结构：以商业银行为主体的商业性金融机构和政策性金融机构相结合、传统金融机构与新型金融机构相结合、间接融资机构与直接融资市场组织相结合的多元互补结构（见图

10-1）。这种互补结构在市场竞争中处于动态调整与自我演进之中，因为不管商业性金融与政策性金融机构、传统金融机构与新型金融机构、间接融资机构与直接融资市场组织，都是竞争中有合作，合作中有竞争，以满足处于不同周期的中小企业的多元化融资需求。

政策性银行持续发力批发资金转贷业务，与商业银行开展合作，补充服务中小微企业的资金来源。大中型商业银行业务下沉，凭借自身的比较优势，充分发挥普惠金融事业部作用。小型商业银行坚守专注、精准与特色，创新区域金融服务方式，扩大服务覆盖面。包括小额贷款公司、农村资金互助社等各种形式的新型金融机构承担填补中小企业融资组织结构与空间布局不合理产生的资金缺口，将更多的社会资本从"游离态"转为对接中小企业融资需求的"化合态"。保险公司主要发挥风险转移与融资增信功能，与信贷机构、直接融资市场组织探索合作机制，通过承保能力的改善，拓宽中小微企业的服务范围。担保机构主要是政府性融资担保公司，它们发挥着准公共功能定位，探求为中小微企业提供融资增信和风险分担补偿。

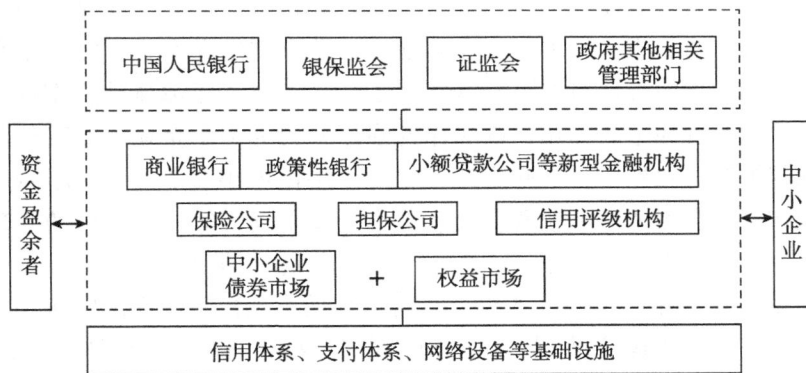

图 10-1　中国支持中小企业的融资组织体系

10.2　国际上典型国家的中小企业融资组织体系建设

10.2.1　设立促进中小微企业发展的管理机构

在美国，根据 1953 年颁布的《小企业法案》专设了直接隶属于联邦政府负责实施小企业政策的独立机构——美国小企业管理局（SBA），从立法、融资、技术、培训、信息、咨询等方面对小企业进行管理与提供服务。该机构总部设在华盛顿，在十大城市设有分局，下设近 100 个地区办公室和近1 000 个服务点，辐射范围遍布全国。为促进小企业管理局向上与国会信息互通，美国设立了白宫小企业委员会和国会小企业委员会协同联动，为 SBA的工作开展提供立法保障和政策支持。在向下组织开展方面，SBA 联合各州政府、非营利性机构、私营机构等多方力量，建立了成熟稳定的社会服务体系。

在德国，联邦政府设置了多头管理机构，致力于中小微企业的管理工作。联邦政府经济部专设中小企业局，设立 8 个处，并在各州设有各自的中小企业分局，主要职责任务包括：制订扶持中小微企业发展的计划；研究中小微企业相关政策；监督法律法规及有关政策实施和落实；积极推进中小微企业之间的经济和科研合作等。1958 年根据《反对限制竞争法》成立的联邦卡特尔局，严防大企业通过垄断优势打压及恶意兼并中小微企业。此外，德国联邦研究部建立"示范中心"，为中小微企业技术转让提供帮助，并提供最新的研究成果和研究动态。

在日本，政府设立了统一的中小企业管理机构，即通产省中小企业厅，并在都、道、府、县下设中小企业局，重点制定和实施国家中小企业的政策法律，专门管理和指导中小企业发展。《中小企业基本法》明确了中小企业厅的职责和重要作用，以法律的强制效力为中小企业厅职责的顺利推进保驾护航。此外，日本政府还建立了主要由中小企业厅、中小企业厅派生机构、社会团体与企业联合会、中小企业审议会等机构组成的管理组织体系，畅通中小企业经济、技术等方面的信息获得渠道。

在印度，政府于 2007 年 5 月 9 日将以前的小规模工业部及农业和农村工业部合并成中小微企业部。该部负责制定政策，促进相关方案、项目、计划的开展，并监督其实施，以协助中小微企业并帮助它们扩大规模。此外，根据 2006 年 6 月出台的《中小微企业发展法案（2006）》，印度政府成立了国家中小微企业委员会，该委员会由中小微企业部部长领导，负责调查中小微企业发展的阻碍因素，审查政府现有政策和方案，并就促进中小微企业发展和进步及提高其竞争力提出建议。

10.2.2　构建专职服务中小微企业的政策性金融机构

在德国，复兴信贷银行（KFW）是由政府全资成立的政策性银行，《德国复兴信贷银行法》明确其在中小企业融资体系中的地位和作用。KFW 旗下的中小企业银行主要负责向小微企业提供资金支持，是德国小微企业融资体系的主力和核心。KFW 的主要资金来源为发债，且信用评级高、发债利率低，故而能长期维持较低的融资成本（低于市场利率 2% ~ 2.5%）。KFW 不直接向中小微企业发放贷款，而是通过转贷的模式与商业银行合作放款。KFW 以公开标准和流程筛选转贷商业银行，仅审批贷款的政策合规性；商业银行负责审核企业主体信用和财务状况，获得利差收益的同时承担贷款的最终风险。此举避免了政策性银行与商业银行的低息恶性市场竞争，且使双方形成了优势互补的协同合作局面。

在日本，目前拥有两个专职服务中小企业的政策性金融公库，即日本政策金融公库和商工组合中央金库。日本政策金融公库是由日本中央政府全额出资的股份制金融机构，以政府借款和市场发债为资金来源，同时政府还会为国家政策支持领域的贷款提供财政贴息。日本财政金融公库在国内拥有 152 个分行，已为约 150 万家中小企业、93 万家微型企业（含个体工商户）提供金融服务，中小企业服务覆盖率高达 40%。它们的信贷规模占比为中小企业信贷总量的 4.8%。商工组合中央金库兼具政策性金融与合作性金融组织性质，吸纳中小企业为其成员，是半官半民的金融机构。机构成员及政府出资各占 50%。它的信贷规模约占中小企业信贷总量的 3.6%。日本政策性金融机构除以较民间金融机构更有利的条件向中小企业提供直接贷款外，更为各类中小企业（如初创型、高科技类、涉农类等）量身定制金融服务。

在印度，小工业开发银行是由印度政府设立，隶属于印度中小企业政策性金融支持体系的核心，下辖 103 个分支机构。它会联合地区金融公司和小型工业开发公司等为中小微企业提供直接和间接贷款支持。根据印度中小微企业部的统计，约有 35% 以上的印度中小微企业贷款由政策性银行提供。政策性银行对一些政策支持行业的贷款利率给予一定的下浮，对其他行业的贷款利率一般略高于基准贷款利率，但低于商业银行的贷款利率。

10.2.3　完善支持中小微企业融资的担保及评级体系

在美国，SBA 贷款担保计划构建了政府、银行、企业三方风险共担机制，在促进小微企业融资便利的同时降低了银行的贷款风险。SBA 联合各级担保机构，根据贷款额度及期限等提供不同比例的担保支持，不仅审查小微企业的主要经营指标，也考察放款银行的业务流程、员工专业性等指标，且严格限制贷款资金用途，确保资金流入实体经济。

在德国，担保银行由商业银行、保险公司及工商业协会共同发起设立，根据德国联邦政府规定，担保银行既不吸存也不揽贷，只能从事担保业务，主要为无法提供足额抵押的创业者及中小微企业提供担保。本书前文已表明，德国政府会通过发行公债、担保补偿、税费优惠三条保障机制保证担保银行可持续运营。在德国担保银行的运营中，中小微企业的信用评级发挥着至关重要的作用，与中小微企业能否获得贷款及贷款利率的高低密切相关。担保银行的信用评级与商业银行类似，视目标客户的不同而区分评级细则。担保银行的中小微企业信用评级从企业年报、信用管理、抵押物质量等多方面着手，根据营业额分档及经营活动类型细化评级方法，将贷款企业分为 D 级到 AAA 级 18 个等级。客户信用等级越高，贷款利率越低，因而，德国的中小微企业往往会主动披露年报等企业信息，以期获得更高的信用等级。

在日本，政府直接出资在国家和地方建立了"信用担保+信用保险"两级信用补充机制。第一级是覆盖所有都道府县和主要城市的 51 家信用保证协会（CGC）。CGC 以其基本财产（来源为政府出资、金融机构捐款及累计收支余额）作为信用担保基金，以 60 倍为最高比例为中小企业在金融机构的借款提供担保。第二级是在东京成立的中小企业信用保险公库。一方面，它对 CGC 担保的、中小企业无力偿还的贷款给予 70%~90% 的再保险额度（CGC 只需缴纳保证费的 40% 作为保险费用）；另一方面，它充当最后贷款人，对 CGC 提供必要的贷款，以保证 CGC 的平稳运行。除上述两级信用补充机制外，日本还建立了配套机构完善担保体系。如日本成立了信用担保联合会（JFG）负责统筹指导各地担保协会高效开展担保业务，建立了信用风险数据库（CRD）协会收集各地信用担保协会汇总的中小微企业信息，并成立信用担保服务有限公司专职追偿坏账等。

在印度，政府联合印度小工业开发银行成立中小企业信用担保专用基金，向不超过 2 000 万卢比的中小微企业营运资金和设备贷款提供担保。担保企业每年只需缴纳少量的服务费，其他的担保费用由银行代为缴纳。针对不同类型的中小微企业和不同的贷款金额，担保基金的担保比例有所差异，总体与担保金额成反比。其中，贷款金额不超过 50 万卢比的微型企业可获最高担保比率，即 85%。截至 2017 年 12 月 31 日，该基金共支持了约 297 万份担保方案。印度中小企业评级公司是印度唯一一个主要集中做中小企业信用评级的机构，由印度小工业开发银行、邓白氏印度信息服务有限公司联合其他几个主要的银行发起。政府对中小微企业的评级收费进行补贴，最高可达75%，因而评级费最低仅需11 000卢比。

10.3 国内中小企业融资组织体系建设问题

我国于2018年1月1日起施行修订后的中小企业基础性法律——《中华人民共和国中小企业促进法》（以下简称《中小企业促进法》），为进一步改善中小企业经营环境、维护中小企业合法权益、支持中小企业创业创新等提供了指引。尽管如此，通过与国际经验横向比较，我国在中小微企业融资组织体系建设方面仍存在不足。

10.3.1 国家层面缺乏服务中小微企业的专门管理机构

《中小企业促进法》虽然在国家层面提出"国务院负责中小企业促进工作综合管理的部门组织实施促进中小企业发展政策，对中小企业促进工作进行宏观指导、综合协调和监督检查"，在地方层面指出"县级以上地方各级人民政府根据实际情况建立中小企业促进工作协调机制，明确相应的负责中小企业促进工作综合管理的部门，负责本行政区域内的中小企业促进工作"，但并未设立国家层面的统一的中小微企业专职管理机构。根据现行的规定，由多部门协调、统筹中小企业促进工作。但是，在实施过程中，缺乏统一的牵头管理部门、缺乏部门间协调机制、缺乏相关法律细则的情况下，易产生部门间职能交叉或空白、部门间传导机制不顺畅等问题，导致服务中小微企业的政策和规划较难落地。

10.3.2 金融机构组织体系和服务能力仍有待提升

我国资本市场发展程度与发达国家相比相对滞后，融资体系以间接融资为主，银行信贷为解决中小微企业融资问题发挥着举足轻重的作用。2017年国务院《政府工作报告》，中国人民银行、银保监会等五部委《关于进一步深化小微企业金融服务的意见》（银发〔2018〕162号）和2018年修订的《中小企业促进法》，都为健全普惠金融组织体系提出了指引和要求。近年来，我国银行业金融机构体系建设不断健全，服务小微企业的效率稳步提升：大中型银行普惠金融事业部建设持续推进，1 621家村镇银行和17家民营银行获批成立；地方性银行扎根当地、回归本源，逐步向县域、乡镇和社区延伸服务触角；多数银行成立专营小微业务的部门或机构。

尽管如此，我国目前的金融组织体系和机构布局在广度和深度上仍显不足，难以充分契合中小微企业融资"点多面广"和"短、频、快"的特点，金融服务创新能力及水平有待提升。中小型金融机构发挥作用相对不足，大中型金融机构传导机制不畅，小微贷款全流程管理水平有待加强，信贷员"不愿贷、不能贷、不会贷"问题尚存，金融机构对政府信用依赖性较强等问题制约着中小企业的信贷可得性。

10.3.3 政策性担保体系的支撑作用尚未完全发挥

近年来，在中央及地方一系列政策（如 2010 年银监会等七部门发布的《融资性担保公司管理暂行办法》，2017 年国务院颁布的《融资担保公司监督管理条例》，2018 年银保监会牵头出台的《融资担保公司监督管理条例》四项配套制度）的支持下，我国担保行业稳步发展，逐渐形成了政府性机构为主体的国家融资担保基金、省级担保再担保机构、辖内融资担保机构三级组织体系，以财政资金"四两拨千斤"的作用为符合条件的融资担保业务增信分险，引导金融资源流向中小微企业。保险业金融机构创新服务产品，与银行业金融机构建立风险共担机制，强化银保双方系统对接、数据共享，实现了解决民营及小微企业融资问题的有益探索。

必须提出的是，受制于体制机制障碍，我国政策性融资担保公司的实际担保效果尚未有效发挥。根据国务院《融资担保公司监督管理条例》规定，担保责任余额原则上不得超过其净资产的 10 倍（对主要为小微企业和"三农"服务的融资担保公司可提高至 15 倍）。我国融资担保行业担保放大倍数仅 1.89 倍，资本金不到位和"担而不偿"问题尚存，资本使用效率有待提升。部分政策性担保机构存在聚焦支小支农力度不够、担保费率偏高等问题，偏离了支持中小微企业的定位。此外，部分政策性担保公司缺乏专业化经营团队，管理水平亟待加强。

10.3.4 社会信用体系和小微企业信用评级有待优化

健全的信用信息体系对助力商业银行防范信用风险、筛选优质小微客户，进而提升小微企业的贷款可得性发挥着至关重要的作用。随着征信供给侧结构性改革的不断深入，"政府+市场"双轮驱动征信发展模式的逐步推行，我国已初步形成了金融信用信息基础数据库与市场化征信机构功能互补、错位发展的市场格局，建立了覆盖面广、信息量大的中小微企业及企业主信用信息档案。截至 2018 年末，累计 261 万户中小微企业建立信用档案；征信系统累计帮助 54 万户中小微企业获得银行贷款，余额达 11 万亿元；第一家市场化个人征信机构——百行征信有限公司于 2018 年建立，且全国已建立 125 家市场化企业征信机构和 97 家信用评级机构。

值得注意的是，我国银企信息不对称问题依然凸显、亟待解决。小微企业融资难问题的成因除企业本身较弱的抗风险性外，缺信息、缺信用也是制约金融机构发放贷款的重大障碍。虽然部分地方政府搭建了统一的企业信用信息共享平台且取得了可喜的成绩（如台州小微企业金融服务改革创新试验区和南平区域信用工业园区的建设），但全国范围的信息共享机制尚未建立，金融机构获取信息的难度和成本依然较高。

10.4　政策启示：构建"四位一体"的组织体系

10.4.1　设立统一管理机构，明确服务重心

一是加强顶层设计，整合现有支持中小企业发展的相关职能部门，成立中小企业管理局。除设立市级的中小企业管理局外，在下级县区市设置办公点，因地制宜制定管理细则，并配合上级管理机构落实政策、促进执行。二是明确服务重心。从美国、德国、日本的经验看，中小企业管理局的重点职能应该包括：制订扶持中小微企业发展的计划；研究中小微企业相关政策；不直接制定法律，但需要监督法律法规及有关政策实施和落实；不作为主要的债权方，但提供融资担保服务，由合作单位为中小企业提供贷款或风险投资；积极推进中小微企业之间的经济和科研合作；为小企业提供教育、信息、技术援助和培训等增值服务。

10.4.2　延伸政策性金融组织功能，发展并优化转贷、直投业务

一是在现有政策性银行内部专设中小企业部，配备专门团队，明确"专小"职责，打造专业队伍，完善服务功能。二是借鉴德国复兴信贷银行"转贷模式"经验，通过政策性银行向商业银行放款，充分利用商业银行的服务优势，打通、拓宽政策性低成本资金进入中小企业的新渠道。三是借鉴日本政策性金融公库经验，推动政策性银行或国有银行率先争取投贷联动试点，推动银行设立具备投资功能的子公司、科技金融专营机构，对优

质中小企业开展投贷联动业务。

10.4.3 加大政策支持力度，激发社会资本参与担保体系建设

一是发挥财政资金的引导作用，完善信用担保机构的资金补充机制，通过设立专项担保基金、实施专项担保计划和牵头成立互助性担保机构等方式，撬动社会组织、金融机构等更多社会资本参与中小企业信用担保体系的建设。二是健全正向激励机制，通过财政贴息、再担保支持、风险补偿、减费降税等方式，鼓励信用担保机构做大业务规模，适当提高担保代偿率等风险容忍度，通过降低担保要求、降低费率、扩大担保倍数等方式加大对中小企业的支持力度。

10.4.4 完善信息平台建设，提高信用评价与融资的关联度

一是完善信用信息服务平台建设。依托金融城域网、政务外网和互联网，通过与金融机构、政府部门、企事业单位及社会公众共建共享、互联互通，高标准打造覆盖多种群体的普惠征信和综合金融服务平台，构建"信息数据库+普惠征信+综合金融服务"的"一体两翼"服务新模式，实现中小微企业、农户、产业工人、创业创新主体的信用信息申报、查询和融资申请等的一体化服务。二是鼓励征信机构与互联网企业合作，开发符合普惠金融服务群体特点的互联网征信产品和服务。积极支持符合条件的企业征信机构及时备案。探索征信产品、业务、技术等的标准化建设。三是引导信用评级机构与金融机构合作，发挥信用评价在中小企业贷款、上市融资、发行债券中的重要作用。

参考文献

［1］安同良，施浩，Ludovico Alcorta. 中国制造业企业 R&D 行为模式的观测与实证——基于江苏省制造业企业问卷调查的实证分析［J］. 经济研究，2006（2）：21-30+56.

［2］贝多广. 好金融与好社会：问题的提出和答案［J］. 金融研究，2015（7）：24-36.

［3］贝多广. 普惠金融与"好社会"建设［J］. 中国金融，2020（1）：25-26.

［4］陈胜蓝，马慧. 贷款可获得性与公司商业信用——中国利率市场化改革的准自然实验证据［J］. 管理世界，2018，34（11）：108-120+149.

［5］陈晓红，刘剑. 不同成长阶段下中小企业融资方式选择研究［J］. 管理工程学报，2006（1）：1-6.

［6］崔志明，龙小燕. 创新财政金融支持手段　破解中小企业融资难题——杭州"路衢模式"的调研与思考［J］. 中国财经信息资料，2014（6）：10-15.

［7］董晓林，高瑾. 小额贷款公司的运营效率及其影响因素——基于江苏 227 家农村小额贷款公司的实证分析［J］. 审计与经济研究，2014，29（1）：95-102.

［8］王凤荣，慕庆宇. 政府干预异质性、中小银行发展与中小企业融资约束——结合经济换挡背景的分析［J］. 经济与管理研究，2019，40（5）：47-60.

［9］付桂存. 中小企业集合信托融资现状分析［J］. 合作经济与科技，2019，000（22）：68-69.

［10］葛永波，陈虹宇，丁媛. 资本结构、股权结构与中小企业绩效——基于"新三板"挂牌企业的实证分析［J］. 山东财经大学学报，2019，31（3）：62-75.

［11］苟琴，黄益平. 我国信贷配给决定因素分析——来自企业层面的证据［J］. 金融研究，2014（8）：1-17.

［12］谷澍. 普惠金融——大型银行应发挥头雁效应［J］. 中国金融，2019（7）：9-11.

［13］顾雷. 普惠金融新政助小微稳渡难关［N］. 中国银行保险报，2020-12-28（002）.

［14］郭峰，王靖一，王芳，孔涛，张勋，程志云. 测度中国数字普惠金融发展：指数编制与空间特征［J］. 经济学（季刊），2020，19（4）：1401-1418.

［15］郭延安. 金融仓储业务模式及其风险防范探析［J］. 浙江金融，2010（3）：14-15.

［16］何德旭，苗文龙．金融排斥、金融包容与中国普惠金融制度的构建［J］．财贸经济，2015（3）：5-16.

［17］荷花，李明贤．小微企业融资需求及其融资可获得性的影响因素分析［J］．经济与管理研究，2016，37（2）：52-60.

［18］胡恒强，范从来，杜晴．融资结构、融资约束与企业创新投入［J］．中国经济问题，2020（1）：27-41.

［19］胡育蓉，齐结斌．对外开放、空间溢出和包容性增长［J］．国际贸易问题，2016（4）：3-14.

［20］胡志浩，李勃．关系型融资研究新进展［J］．经济学动态，2019（10）：132-146.

［21］胡宗义，刘亦文．金融非均衡发展与城乡收入差距的库兹涅茨效应研究——基于中国县域截面数据的实证分析［J］．统计研究，2010，27（5）：25-31.

［22］黄益平，黄卓．中国的数字金融发展：现在与未来［J］．经济学（季刊），2018，17（4）：1489-1502.

［23］纪琼骁．麦克米伦缺欠与中小企业政策性融资［J］．金融研究，2003（7）：111-118.

［24］纪晓君．关系型贷款与中小企业信贷可得性关系实证研究［D］．暨南大学，2011.

［25］焦瑾璞，孙天琦，黄亭亭，汪天都．数字货币与普惠金融发展——理论框架、国际实践与监管体系［J］．金融监管研究，2015（7）：19-35.

［26］焦瑾璞．普惠金融的国际经验［C］．2015年国际货币金融每日综述选编．中国人民大学国际货币研究所，2015：2100-2103.

［27］金秋，金雪军．纾解民营企业融资困境需要金融组合创新［J］．农村金融研究，2019（2）：19-23.

［28］李建军，姜世超．银行金融科技与普惠金融的商业可持续性——财务增进效应的微观证据［J］．经济学（季刊），2021，21（3）：889-908.

［29］李建军，马思超．中小企业过桥贷款投融资的财务效应——来自我国中小企业板上市公司的证据［J］．金融研究，2017（3）：116-129.

［30］李建伟．普惠金融发展与城乡收入分配失衡调整——基于空间计量模型的实证研究［J］．国际金融研究，2017（10）：14-23.

［31］李科，徐龙炳．融资约束、债务能力与公司业绩［J］．经济研究，2011，46（5）：61-73.

［32］连玉君，程建．投资—现金流敏感性：融资约束还是代理成本？［J］．财经研究，2007（2）：37-46.

［33］连玉君，苏治，丁志国．现金—现金流敏感性能检验融资约束假说吗？［J］．统计研究，2008（10）：92-99.

[34] 梁美健，郭文．科技企业知识产权价值评估研究现状分析——基于质押融资视角 [J]．中国资产评估，2021（8）：4-9+15.

[35] 林乐芬，李晅．银行金融机构异质性、贷款技术对中小微企业信贷可得性的影响——基于128家商业银行的问卷 [J]．学海，2017（3）：91-99.

[36] 林森．数字技术推动普惠金融发展 [J]．中国发展观察，2018（Z2）：47-48+33.

[37] 林毅夫，李永军．中小金融机构发展与中小企业融资 [J]．经济研究，2001（1）：10-18+53-93.

[38] 凌越．网络小贷企业的运营模式研究——以阿里小贷为例 [J]．当代经济，2016（25）：45-47.

[39] 刘国强．探索中国特色普惠金融发展之路 [J]．中国金融，2017（19）：13-15.

[40] 刘晓光，苟琴．银行业结构对中小企业融资的影响 [J]．经济理论与经济管理，2016（6）：58-71.

[41] 刘亦文，丁李平，李毅，胡宗义．中国普惠金融发展水平测度与经济增长效应 [J]．中国软科学，2018（3）：36-46.

[42] 陆岷峰，徐阳洋．关于金融科技变革商业银行小微金融服务模式的研究 [J]．农村金融研究，2018（9）：52-56.

[43] 罗正英，周中胜，王志斌．金融生态环境、银行结构与银企关系的贷款效应——基于中小企业的实证研究 [J]．金融评论，2011，3（2）：64-81+125.

[44] 孟娜娜，蔺鹏．中小微企业"麦克米伦缺口"成因及智能金融解决路径 [J]．南方金融，2018（7）：73-80.

[45] 欧阳凌，欧阳令南．中小企业融资瓶颈研究——一个基于产权理论和信息不对称的分析框架 [J]．数量经济技术经济研究，2004（4）：46-51.

[46] 彭澎，肖斌卿，李心丹，朱蕴卉．银企关系、抵押与贷款利率决定——来自中小企业的实证检验 [J]．江苏社会科学，2016（2）：27-36.

[47] 皮天雷，刘垚森，吴鸿燕．金融科技：内涵、逻辑与风险监管 [J]．财经科学，2018（9）：16-25.

[48] 钱龙．关系型借贷、银行竞争与中小企业融资研究述评 [J]．金融监管研究，2015（8）：53-67.

[49] 乔安妮·凯勒曼，雅各布·德汗，费姆克·德弗里斯．21世纪金融监管 [M]．北京：中信出版集团，2016.

[50] 沈红波，寇宏，张川．金融发展、融资约束与企业投资的实证研究 [J]．中国工业经济，2010（6）：55-64.

[51] 盛天翔，范从来．金融科技、最优银行业市场结构与小微企业信贷供给 [J]．金融研究，2020（6）：114-132.

[52] 孙骏可，罗正英，陈艳．货币政策紧缩环境下风险投资对企业融资约束的影响——基于我国深交所中小板上市公司的经验证据 [J]．金融评论，2019，11（3）：64-79+125.

[53] 孙天奇．G20 数字普惠金融高级原则：背景、框架和展望 [J]．清华金融评论，2016（12）：29-33.

[54] 汤婷，徐海燕，张智超．不同融资模式下线上双渠道供应链运营策略 [J/OL]．中国管理科学：1-11.

[55] 王昌荣，马红，王元月．基于宏观经济政策视角的我国企业负债融资研究 [J]．中国管理科学，2016，24（5）：158-167.

[56] 王立平．台州小微金改经验谈 [J]．中国银行业，2017（3）：42-44.

[57] 王文甫，明娟，岳超云．企业规模、地方政府干预与产能过剩 [J]．管理世界，2014（10）：17-36+46.

[58] 王霄，张捷．银行信贷配给与中小企业贷款——一个内生化抵押品和企业规模的理论模型 [J]．经济研究，2003（7）：68-75+92.

[59] 王志锋，谭昕．民营企业在贷款融资中更受歧视吗？——基于土地抵押贷款微观数据的再探讨 [J]．中央财经大学学报，2021（8）：40-52.

[60] 温忠麟，叶宝娟．中介效应分析：方法和模型发展 [J]．心理科学进展，2014，22（5）：731-745.

[61] 温忠麟，张雷，侯杰泰，刘红云．中介效应检验程序及其应用 [J]．心理学报，2004（5）：614-620.

[62] 吴传琦，张志强．金融科技对中小企业成长的影响及机制分析 [J]．四川轻化工大学学报（社会科学版），2021，36（3）：73-87.

[63] 肖志明，赵昕，赵学荣，李佳．建设政府性融资担保体系 探索"四台一会"支持产业扶贫 [J]．开发性金融研究，2018（3）：81-87.

[64] 星焱．普惠金融：一个基本理论框架 [J]．国际金融研究，2016（9）：21-37.

[65] 闫东修．破解民营小微企业"首贷难"的实践探索 [J]．金融发展研究，2020（1）：91-92.

[66] 姚耀军，董钢锋．中小企业融资约束缓解：金融发展水平重要抑或金融结构重要？——来自中小企业板上市公司的经验证据 [J]．金融研究，2015（4）：148-161.

[67] 尹志超，甘犁．信息不对称、企业异质性与信贷风险 [J]．经济研究，2011，46（9）：121-132.

[68] 游春，胡才龙．我国金融仓储业发展中存在的问题及对策 [J]．2021（4）：76-78.

[69] 于梦娇．融资约束、中小企业投资效率与投融资决策——基于深交所中小企业板的实证研究 [J]．西部金融，2019（11）：17-22+28.

［70］张捷，王霄．中小企业金融成长周期与融资结构变化［J］．世界经济，2002（9）：63-70.

［71］张军，许庆瑞．提升企业自主创新能力：从哪里出发？［J］．清华管理评论，2017（Z2）：32-39.

［72］张全兴．谋划宁波金融发展新格局［J］．中国金融，2021（3）：39-40.

［73］张瑞娟，李雅宁．农村中小企业正规金融机构融资充分性实证分析——基于四县农村中小企业问卷调查数据［J］．农业技术经济，2011（4）：103-111.

［74］张勋，万广华，张佳佳，何宗樾．数字经济、普惠金融与包容性增长［J］．经济研究，2019，54（8）：71-86.

［75］张蕴晖，董继刚，杨致瑗．小微企业信贷可得性的影响因素实证分析［J］．海南金融，2016（11）：20-25.

［76］郑联盛．中国互联网金融：模式、影响、本质与风险［J］．国际经济评论，2014（5）：103-118+6.

［77］中国人民银行金融消费权益保护局．中国普惠金融指标分析报告（2018）［R］．2019.

［78］中国人民银行聊城市中心支行课题组，彭凤祥．融资担保模式创新与中小企业融资问题研究［J］．金融发展研究，2014（6）：63-66.

［79］中国银行保险监督管理委员会．中国普惠金融发展报告［M］．北京：中国金融出版社，2020.

［80］钟世和，苗文龙．关系型、交易型互联网贷款的信贷风险对比研究［J］．西安交通大学学报（社会科学版），2017，37（6）：18-26.

［81］周斌．"金融科技"视角下的中小企业融资创新模式研究［D］．南京大学，2018.

［82］周黎安，罗凯．企业规模与创新：来自中国省级水平的经验证据［J］．经济学（季刊），2005（2）：623-638.

［83］周小川．更好地发展普惠金融［N］．金融时报，2016-03-18（1）.

［84］Abraham F, Schmukler S L. Addressing the SME finance problem［J］. World Bank Research and Policy Briefs, 2017（120333）.

［85］AFI, Progress Report 2009［R］. Alliance for Financial Inclusion Report, 2009.

［86］Agarwal S, Hauswald R. Distance and private information in lending［J］. The Review of Financial Studies, 2010, 23（7）：2757-2788.

［87］Ahmed U, Beck T, McDaniel C, et al. Filling the gap: how technology enables access to finance for small-and medium-sized enterprises［J］. Innovations: Technology, Governance, Globalization, 2015, 10（3-4）：35-48.

［88］Almeida H, Campello M, Weisbach M S. The Cash Flow Sensitivity of Cash: Replication, Extension, and Robustness［J］. Fisher College of Business Working Paper, 2021

(3): 002.

[89] Almeida H, Campello M, Weisbach M S. The cash flow sensitivity of cash [J]. The journal of finance, 2004, 59 (4): 1777-1804.

[90] Andrieş A M, Marcu N, Oprea F, et al. Financial infrastructure and access to finance for European SMEs [J]. Sustainability, 2018, 10 (10): 3400.

[91] Baron R M, Kenny D A. The moderator - mediator variable distinction in social psychological research: Conceptual, strategic, and statistical considerations [J]. Journal of personality and social psychology, 1986, 51 (6): 1173.

[92] Baum C F, Schäfer D, Talavera O. The impact of the financial system's structure on firms' financial constraints [J]. Journal of International Money and Finance, 2011, 30 (4): 678-691.

[93] Beck T, De La Torre A. The basic analytics of access to financial services [J]. Financial markets, institutions & instruments, 2007, 16 (2): 79-117.

[94] Beck T, Demirgüç - Kunt A, Honohan P. Access to financial services: Measurement, impact, and policies [J]. The World Bank Research Observer, 2009, 24 (1): 119-145.

[95] Beck T, Demirgüç - Kunt A, Laeven L, et al. Finance, firm size, and growth [R]. The World Bank, 2005.

[96] Beck T. Bank competition and financial stability: friends or foes? [R]. World Bank Policy Research Working Paper, 2008 (4656).

[97] Benghozi P J, Benhamou F. The long tail: Myth or reality? [J]. International Journal of Arts Management, 2010: 43-53.

[98] Berger A N, Bouwman C H S, Kim D. Small bank comparative advantages in alleviating financial constraints and providing liquidity insurance over time [J]. The Review of Financial Studies, 2017, 30 (10): 3416-3454.

[99] Berger A N, Udell G F. Small business credit availability and relationship lending: The importance of bank organisational structure [J]. The economic journal, 2002, 112 (477): F32-F53.

[100] Berger A N, Udell G F. The economics of small business finance: The roles of private equity and debt markets in the financial growth cycle [J]. Journal of banking & finance, 1998, 22 (6-8): 613-673.

[101] Boucher S R, Guirkinger C, Trivelli C. Direct elicitation of credit constraints: Conceptual and practical issues with an application to Peruvian agriculture [J]. Economic development and cultural change, 2009, 57 (4): 609-640.

[102] Brown J R, Martinsson G, Petersen B C. Do financing constraints matter for R&D? [J]. European Economic Review, 2012, 56 (8): 1512-1529.

[103] Chattopadhyay S K. Financial Inclusion in India: A case - study of West Bengal [R]. University Library of Munich, Germany, 2011.

[104] Chiapa C, Prina S, Parker A. The effects of financial inclusion on children's schooling, and parental aspirations and expectations [J]. Journal of International Development, 2016, 28 (5): 683-696.

[105] Cole, R. A. The Importance of Relationships to the Availability of Credit [J]. Journal of Banking and Finance, 1998, 22 (7): 959-977.

[106] Cull R, Davis L E, Lamoreaux N R, et al. Historical financing of small-and medium-size enterprises [J]. Journal of Banking & Finance, 2006, 30 (11): 3017-3042.

[107] Ezeoha A E. Firm size and corporate financial - leverage choice in a developing economy: Evidence from Nigeria [J]. The Journal of Risk Finance, 2008.

[108] Fazzari S M, Hubbard R G, Petersen B C. Investment-cash flow sensitivities are useful: A comment on Kaplan and Zingales [J]. The Quarterly Journal of Economics, 2000, 115 (2): 695-705.

[109] Fazzari S, Hubbard R G, Petersen B. Investment, financing decisions, and tax policy [J]. The American Economic Review, 1988, 78 (2): 200-205.

[110] Firth M, Lin C, Liu P, et al. Inside the black box: Bank credit allocation in China's private sector [J]. Journal of Banking & Finance, 2009, 33 (6): 1144-1155.

[111] Frost R. , The Macmillan Gap 1931 - 53, Oxford Economic Papers, 1954, Vol. 6, No. 2, pp. 181-201.

[112] Galindo A, Schiantarelli F, Weiss A. Does financial liberalization improve the allocation of investment?: Micro-evidence from developing countries [J]. Journal of development Economics, 2007, 83 (2): 562-587.

[113] GGAP, Access for All : Building Inclusive Financial Systems [R]. World Bank Publications , 2006. No. 6973.

[114] Hannig A, Jansen S. Financial inclusion and financial stability: Current policy issues [R]. ADBI Working Paper, 2010.

[115] Herzenstein M, Sonenshein S, Dholakia U M. Tell me a good story and I may lend you money: The role of narratives in peer-to-peer lending decisions [J]. Journal of Marketing Research, 2011, 48 (SPL): S138-S149.

[116] Hirth S, Viswanatha M. Financing constraints, cash-flow risk, and corporate investment [J]. Journal of Corporate Finance, 2011, 17 (5): 1496-1509.

[117] Hodgman D R. The deposit relationship and commercial bank investment behavior [J]. The Review of Economics and Statistics, 1961: 257-268.

[118] Hossain, Monzur; Yoshino, Naoyuki; Taghizadeh-Hesary, Farhad (2021). Optimal branching strategy, local financial development, and SMEsâ performance. Economic Mod-

elling, 96: 421-432.

[119] Kapoor A. Financial inclusion and the future of the Indian economy [J]. Futures, 2014, 56: 35-42.

[120] Kapoor P. Study of financial inclusion in banking industries in India [J]. clear International Journal of Research in Commerce & Management, 2013, 4 (10).

[121] Khurana I K, Martin X, Pereira R. Financial development and the cash flow sensitivity of cash [J]. Journal of Financial and Quantitative Analysis, 2006, 41 (4): 787-808.

[122] King R G, Levine R. Finance, entrepreneurship and growth [J]. Journal of Monetary economics, 1993, 32 (3): 513-542.

[123] Kuntchev, Veselin, Rita Ramalho, Jorge Rodríguez-Meza, Judy S. Yang. , What Have We Learned from the Enterprise Surveys Regarding Access to Credit by SMEs?, World Bank Policy Research Working Paper, 2014, No. 6670.

[124] Law S H, Singh N. Does too much finance harm economic growth? [J]. Journal of Banking & Finance, 2014, 41: 36-44.

[125] Lean J, Tucker J. Information asymmetry, small firm finance and the role of government, Journal of Finance and Management in Public Services, 2001, 1: 43-62.

[126] Levine R. Finance and growth: theory and evidence [J]. Handbook of economic growth, 2005, 1: 865-934.

[127] Leyshon A, Thrift N. Geographies of financial exclusion: financial abandonment in Britain and the United States [J]. Transactions of the Institute of British Geographers, 1995: 312-341.

[128] López-Gracia J, Sogorb-Mira F. Testing trade-off and pecking order theories financing SMEs [J]. Small Business Economics, 2008, 31 (2): 117-136.

[129] Love I. Essays on financial development and financing constraints [M]. Columbia University, 2001.

[130] Mayers S, Majluf N. Corporate financing and investment decision, when firms have decisions that investors do not have [J]. Journal of Financial Economic, 1984, 3 (1): 12-24.

[131] Menon P. Financial inclusion, banking the unbanked: Concepts, issues, and policies for India [J]. Journal of Public Affairs, 2019, 19 (2): e1911.

[132] Ndegwa M K, Shee A, Turvey C G, et al. Uptake of insurance-embedded credit in presence of credit rationing: evidence from a randomized controlled trial in Kenya [J]. Agricultural Finance Review, 2020, 80 (5): 745-766.

[133] Niskanen M, Niskanen J. The determinants of firm growth in small and micro firms-Evidence on relationship lending effects [J]. Available at SSRN 874927, 2007.

[134] Nizam R, Karim Z A, Rahman A A, et al. Financial inclusiveness and economic

growth: New evidence using a threshold regression analysis [J]. Economic research-Ekonoms-ka istraživanja, 2020, 33 (1): 1465-1484.

[135] North D, Baldock R, Ekanem I. Is there a debt finance gap relating to Scottish SMEs? A de [1] mand-side perspective, Venture Capital, Vol. 12, No. 3, 2010, pp. 173-192.

[136] Pachouri A, Sharma S. Barriers to innovation in Indian small and medium-sized enterprises [R]. ADBI Working Paper, 2016.

[137] Rodríguez A, Venegas F. Credit rationing: A perspective from new Keynesian Economics [J]. Problemas del desarrollo, 2012, 43 (171): 31-51.

[138] Sánchez Vidal J. Investment-Cash Flow Sensitivities Are Very Probably Not Valid Measures of Financing Constraints: on the Accounting Partial Identities Problem [J]. Available at SSRN 3341335, 2018.

[139] Sarma M, Pais J. Financial inclusion and development: A cross country analysis. Annual Conference of the Human Development and Capability Association, New Delhi [J]. 2008.

[140] Sarma M. Index of financial inclusion [R]. Indian Council for Research on International Economics Relations Working Paper, 2008. No. 215.

[141] Sarma M. Index of Financial Inclusion - A measure of financial sector inclusiveness [J]. Centre for International Trade and Development, School of International Studies Working Paper, 2012.

[142] Schwartz M. SMEs in Germany are slow to adopt e-commerce [J]. KfW Research, 2017, 161: 12.

[143] Singh C, Wasdani K P. Finance for micro, small, and medium-sized enterprises in India: Sources and challenges [R]. ADBI Working Paper, 2016.

[144] Sobel M E. Asymptotic confidence intervals for indirect effects in structural equation models [J]. Sociological Methodology, 1982, 13: 290-312.

[145] Stamp J C. The report of the Macmillan Committee, The Economic Journal, Vol. 41, No. 163, 1931, pp. 424-435.

[146] Tanko U M, Siyanbola A A, Bako P M, et al. Capital Structure and Firm Financial Performance: Moderating Effect of Board Financial Literacy in Nigerian Listed Non-Financial Companies [J]. Journal of Accounting Research, Organization and Economics, 2021, 4 (1): 48-66.

[147] Uchida H. What do banks evaluate when they screen borrowers? Soft information, hard information and collateral [J]. Journal of Financial Services Research, 2011, 40 (1): 29-48.

[148] Wang R, Lin Z, Luo H. Blockchain, bank credit and SME financing [J]. Quality

& Quantity, 2019, 53 (3): 1127-1140.

[149] World Bank Group, People's Bank of China. Toward Universal Financial Inclusion in China: Models, Challenges, and Global Lessons [M]. World Bank, 2018.

[150] Yoshino N, Morgan P, Wignaraja G. Financial Education in Asia: Assessment and Recommendations [R]. Asian Development Bank Institute, 2015.

[151] Yoshino N, Wignaraja G. SMEs Internationalization and Finance in Asia [C] // Frontier and Developing Asia: Supporting Rapid and Inclusive Growth IMF-JICA Conference Tokyo. 2015, 18.

[152] Zimmerman V. Determinants of digitalisation and innovation behaviour in the SME sector [J]. KFW Research, 2018 (236).